SYLVIE TANETTE

# UN JARDIN EN AUSTRALIE

*roman*

BERNARD GRASSET
PARIS

Conception graphique de la jaquette : Virginie Berthemet
Crédits photo : fillette © 123 RF ; citronnier © Fotosearch

ISBN : 978-2-246-81840-3

*À mes garçons*

Il y a longtemps, en Australie, une femme a planté des citronniers de Sicile.

Elle vivait à peu près au centre de l'actuel État du Territoire du Nord, dans une région où le paysage se résume à une plaine aride, un désert de sable rouge et des collines écorchées. Au XIX^e siècle, des colons ont édifié ici la petite cité minière de Salinasburg, et son agglomération s'effiloche aujourd'hui sur plusieurs kilomètres. Le visiteur qui ira se perdre au bout du quartier périphérique d'Hamilton Creek aura la surprise de découvrir, anachronique au milieu des lotissements, une vieille maison de bois dont personne ne connaît la date de construction. C'est une ancienne ferme, et juste derrière elle s'ouvre le désert.

Au début des années trente le jardin était soigneusement cultivé par cette femme qui vivait là, puis il a été laissé à l'abandon et la maison s'est peu à peu délabrée. Il y a quelques années des Français l'ont rachetée, ils s'y sont installés, et ils ont eu une petite fille. En défrichant l'ancien verger ils ont pu redonner vie à quelques arbres fruitiers. Souvent la jeune mère se dit qu'elle devrait s'en occuper un peu plus. Le temps lui manque.

Elle ne le sait pas mais le quartier d'Hamilton Creek est un endroit particulier. Il y avait une source, avant, et les aborigènes lui prêtaient des pouvoirs magiques. Hamilton Creek portait alors un autre nom. Il signifiait « le lieu d'où les morts ne partent pas ».

En effet d'ici les morts ne partent pas toujours. Certains restent pour veiller sur les vivants, et parfois leur viennent en aide.

## *Ann*

À cette heure-ci tout est silencieux, ils doivent être au travail. J'ai fait le tour des chambres et tiré les rideaux pour conserver un peu de la fraîcheur du matin. Puis je suis sortie m'asseoir sous la galerie, derrière la maison. Là est ma place. D'ici je vois mon verger, au loin les sommets écorchés des Hills, et juste après la barrière le désert infini.

Il fera très chaud aujourd'hui. Le soleil va encore tout brûler et je me demande s'ils penseront à arroser. Je ne devrais pas m'en soucier, mais j'aimerais que le jardin soit un peu mieux entretenu même si, bien sûr, je sais qu'il ne pourra pas être aussi beau qu'avant.

J'aime beaucoup ces gens qui se sont installés ici, je les ai tout de suite trouvés sympathiques. Surtout la jeune femme. Dès son arrivée, je l'ai vu, elle s'est intéressée à mes plantations, alors en bien mauvais état. Et je me suis sentie très émue quand ils ont eu leur bébé, cette adorable petite fille que depuis trois ans je regarde grandir. J'ai eu si peu l'occasion d'approcher des enfants dans ma vie, j'avais presque oublié qu'un jour Justin et moi pensions en avoir. Malheureusement, après la naissance de son bébé la jeune femme a pratiquement cessé de s'occuper du jardin. C'est compréhensible, elle n'a pas beaucoup de temps et travaille toute la semaine, j'ignore où d'ailleurs. Mais j'ai été très triste de voir les ronces envahir à nouveau le terrain, je ne savais pas quoi faire.

J'ai beau tendre l'oreille et essayer de m'approcher, je n'entends jamais la petite fille. Parfois je surprends sa mère en train de la regarder d'un air soucieux. J'ai tant d'années derrière moi, je perçois parfaitement son inquiétude et j'ai tout de suite songé qu'elle devrait passer plus de temps dans le jardin. Quand j'étais jeune, déambuler parmi mes plantes m'apaisait toujours. Et comme si elle m'avait entendue voilà qu'elle s'occupe à nouveau du verger et du potager. Elle arrache des mauvaises herbes, retourne la terre, ce genre de choses, et désormais sa petite fille l'aide, équipée de minuscules outils. Grâce à leurs soins, le tracé des parterres réapparaît, on peut deviner les endroits où j'avais planté des légumes, des massifs de fleurs. En tout cas moi, je les revois. Malheureusement, beaucoup de mes arbres sont morts.

Certains jours toutefois la jeune femme me semble découragée. Elle rentre du travail, s'occupe de sa fille, ne va pas dans le jardin et s'enferme dans la pièce dont elle a fait son bureau. C'était le mien, il y a longtemps.

Ses soucis me renvoient à la période de ma vie où tout s'est écroulé autour de moi. J'étais un peu plus âgée qu'elle, peut-être pas de beaucoup, et ma situation était devenue compliquée. Pourtant il me suffisait d'aller dans mon verger, faire quelques pas parmi mes arbres fruitiers, et j'oubliais pour un moment mes malheurs.

À l'époque Salinasburg était un bourg rural et maintenant c'est une ville, petit à petit des lotissements ont envahi ce qui était une immensité de terre rouge et de broussailles mais le désert, lui, n'a pas changé. Je le regarde chaque jour depuis ce matin lumineux où je suis arrivée ici, pour me marier. Nous étions en 1930, au printemps, et je me réjouissais tant de découvrir cet endroit. Salinasburg est au centre du pays. Pour des gens comme moi, les Australiens des villes côtières, cette région des territoires du Nord était une terra incognita, aucun de nous n'y avait jamais mis les pieds. Je me souviens encore de l'excitante frayeur que ces lieux m'inspiraient tant ils me paraissaient exotiques. J'imaginais un espace infini, brûlant, Justin me l'avait décrit avec beaucoup de lyrisme lorsque nous nous sommes fiancés et je n'ai pas été déçue. C'était bien plus immense et mille fois plus somptueux que ce dont j'avais rêvé.

Mes beaux-parents, Feargus et Harriet Callaghan, possédaient une mine de bauxite et un domaine agricole. Dès le premier jour de notre mariage Justin et moi avons refusé de vivre avec eux, dans leur grande maison. Nous préférions nous installer ici. Cette petite ferme leur appartenait depuis toujours, ils la louaient à un métayer et sa femme que Justin a tout simplement mis à la porte. Je revois ces gens partir sur la route avec leurs enfants, leurs bagages et leur cheval. Ils devaient me maudire mais se taisaient, murés dans leur dignité, en ce temps-là personne n'aurait osé élever la voix contre un Callaghan. Moi je me suis comportée comme s'il s'agissait d'une coutume locale, jeter une famille dehors sous prétexte qu'un jeune homme amoureux avait besoin d'un logement, ou plutôt était pris d'une lubie soudaine, un caprice qui lui faisait exiger ce logement-là à l'exclusion de tout autre. Et regardant s'éloigner la famille de fermiers j'ai ordonné qu'on dépose mes malles dans leur salle à manger.

Les parents de Justin étaient furieux car la bienséance nous imposait de vivre chez eux, leur maison était bien assez vaste, mais Justin me voulait pour lui seul. Il s'était montré déterminé : il souhaitait habiter à Hamilton Creek, dans la petite ferme au milieu de nulle part avec son jardin ombragé d'acacias, le désert tout proche et le paysage de collines rocailleuses. Là, seul avec moi il aurait la paix. Pour le reste, il continuerait de travailler avec son père. Le vieux Feargus Callaghan n'avait pu que s'incliner.

Mes malles ont été déposées dans la salle à manger et nous sommes sortis sous l'avant-toit. Une galerie de bois fait encore aujourd'hui le tour de la maison, je prévoyais déjà que les soirs de canicule j'apprécierais de m'y reposer. Notre mariage datait de la veille et nous étions les plus heureux du monde. Toute la journée les ouvriers ont travaillé sans prendre de pause afin de terminer le grand nettoyage entrepris de bon matin. Il consistait pour l'essentiel à laver les sols à grande eau, repeindre les murs et réparer quelques bricoles. La maison était habitable. Le superflu, tapis, rideaux, vaisselle de prix, Justin jugeait inutile de nous en préoccuper tout de suite. J'avais adoré.

La noce s'était déroulée sans grand cérémonial, encore une idée de Justin. Seuls mes parents et l'un de mes frères s'étaient déplacés jusqu'à Salinasburg, la ville des Callaghan où désormais j'allais vivre. Dix personnes au plus avaient été conviées et Justin avait proposé à son père d'utiliser l'argent économisé sur le banquet pour payer la remise en état de notre ferme. Même s'ils étaient riches les Callaghan feignaient de compter leurs sous, et là encore le père de Justin n'avait pas pu refuser.

La nuit était tombée lorsque les ouvriers sont partis. Dans l'après-midi Justin était retourné à

Salinasburg et avait passé un accord avec l'épicier, il nous livrerait une fois par semaine ce dont nous aurions besoin. J'avais une voiture si je voulais aller en ville mais je ne savais pas conduire, il était rare en ce temps-là qu'une femme s'y risque, et j'étais terrorisée à l'idée de traverser le veld toute seule au volant d'une guimbarde dégotée par Justin je ne savais où.

Cette nouvelle vie me semblait étonnante car je venais d'un milieu très différent. Ma famille était installée en Australie depuis longtemps, mes ancêtres faisaient sans doute partie des administrateurs et officiers qui ont fondé Sydney. Aussi nous avions une très haute idée de ce que devait signifier « être australien » et je me souviens de dîners où se tenaient sur le sujet des conversations exaltées, auxquelles les femmes ne participaient pas. Mon enfance dans un quartier huppé de Sydney a été heureuse, un peu stricte bien sûr. J'ai fréquenté l'un des meilleurs collèges pour jeunes filles de la ville, où on m'a enseigné l'art de devenir une jolie perruche qui ne se plaint jamais et ne se distingue en rien de ses semblables. Mon destin était d'épouser un politicien, un banquier ou un homme d'affaires, l'un des jeunes loups fréquentant le même club que mon père, mais je leur ai préféré Justin Callaghan qui vivait dans le bush, près du désert.

Mon choix n'était pas une mésalliance. Les Callaghan faisaient partie des notables de Salinasburg, même s'ils étaient de basse extraction, des immigrants irlandais arrivés en Australie au XIXe siècle. À peine descendus du bateau ils s'étaient mis au travail et jamais n'avaient cessé de trimer comme des brutes, s'acoquinant avec des compatriotes plus ou moins fréquentables, car selon l'usage de l'époque les gens se rassemblaient par origines. Ainsi des repris de justice, des paysans et des ferrailleurs se retrouvaient-ils à boire de la bière au coude à coude dans les bas-fonds de Melbourne en chantant des airs du pays natal, ce qui n'était sans doute pas la meilleure façon d'améliorer leur moral.

« Nous devons notre fortune à notre esprit d'initiative, m'a un jour expliqué Justin. Nous sommes partis à la conquête du centre du pays quand cela effrayait beaucoup de monde. » Quelle riche idée en effet. Avaler des kilomètres de poussière à la recherche d'un point d'eau, en trimballant sur un chariot tout un attirail hétéroclite, je ne peux même pas l'imaginer.

Ainsi les ancêtres de Justin et quelques autres sont partis au hasard sur des pistes tout juste tracées. Et lorsque enfin ils ont décidé de s'arrêter ils se sont mis à défricher avec ardeur. On leur avait raconté que dans le sous-sol dormaient des gisements d'or et de diamants, et ils l'avaient cru sans se poser la moindre question.

Ce n'était pourtant pas tout à fait vrai, pas dans la région où Dieu seul sait pourquoi les

Callaghan se sont établis, cependant ils avaient cherché et fini par trouver. Ni de l'or ni des diamants mais quelque chose qui à l'époque, et peut-être encore aujourd'hui, promettait de beaux bénéfices. Cinquante ans plus tard les Callaghan étaient propriétaires de la plus importante mine de bauxite des territoires du Nord. Non contents d'exploiter les richesses du sous-sol, ils avaient eu l'idée de mettre sur leurs terres des moutons qui broutaient jour et nuit sans jamais s'arrêter. J'ignore ce qu'ils s'imaginaient avec leurs moutons, sans doute pensaient-ils transformer ce coin d'Australie en une sorte de nouvelle Irlande. Deux générations plus tard le père de Justin exploitait toujours la mine et sur son domaine à la lisière du désert continuaient à s'ébattre des centaines de moutons, plus qu'il n'aurait pu en manger de toute sa vie. Je ne voyais pas ce que les Callaghan pouvaient faire de leur argent puisqu'ils n'avaient ni loisirs coûteux à leur disposition ni boutiques où dépenser sans compter. Je supposais qu'ils l'entassaient.

Pourtant, aux yeux de ma famille les Callaghan étaient des rustres qui allaient m'obliger à vivre dans le bush. Mes parents faisaient partie de ces Australiens comme il en existait en ce temps-là, je ne crois plus que ce soit le cas de nos jours, des gens qui en vérité, et même s'ils ne se l'avouaient pas, auraient adoré vivre à Londres.

Je les trouvais ridicules de rêver de Londres quand ils avaient la chance d'être nés en Australie. À dix-huit ans j'en avais assez de leurs conversations épuisantes. J'habitais le plus formidable pays du monde, le XX^e^ siècle s'ouvrait devant moi, tout était à construire et je n'avais aucune envie de finir mes jours sans être jamais sortie de Sydney. Sauf qu'en ce temps-là une jeune fille de mon milieu ne pouvait voyager sans chaperon ou s'installer seule dans une autre ville que celle de ses parents. Je ne l'ai d'ailleurs pas envisagé une seconde, je n'étais pas si téméraire, et je me suis contentée de tomber éperdument amoureuse de Justin Callaghan.

Justin était à Sydney pour décrocher un diplôme. Après le collège il rêvait de devenir mathématicien mais son père l'avait sommé d'intégrer une école d'ingénieurs, il avait besoin de lui à la mine. Pour une raison que j'ai oubliée il n'y avait pas de cours cette semaine-là et Justin s'était accordé quelques jours de liberté en compagnie de camarades, une bande de joyeux fêtards, jeunes bourgeois casse-cou mais bons garçons, sérieux, polis, et l'un d'eux était le meilleur ami de mon frère aîné.

Lorsqu'ils sont arrivés chez nous avec l'intention d'entraîner mon frère dans je ne sais quelle aventure, tout de suite j'ai remarqué Justin. Je n'étais qu'une gamine montée en graine, trop maigre et embarrassée de mes bras. Bien entendu ma mère m'a demandé de servir le thé à ces « sympathiques jeunes gens ». Justin m'a regardée un instant lorsque je lui ai tendu sa tasse et malgré ma confusion je pris soin de lui sourire. Car, est-il besoin de le préciser ? Justin était le plus beau garçon que j'aie jamais rencontré.

Deux ans plus tard il venait nous chercher, mes parents et moi, à la gare de Salinasburg. Il désirait nous conduire lui-même sur les lieux de la noce.

Ici il n'y avait rien, ou presque. Salinasburg était un gros bourg fondé par des colons qui avaient construit à la va-vite une épicerie, une quincaillerie et des hôtels de passe. L'économie locale s'organisait et la mine attirait toutes sortes de gens qui arrivaient en général par le chemin de fer, la ligne Adelaïde-Salinasburg avait été ouverte moins d'un an avant notre mariage. Plus tard elle a même été prolongée jusqu'à Darwin et des hommes sont venus de toute l'Australie pour travailler sur le chantier.

Voilà. Il faut imaginer une petite ville balayée par le vent du désert, recouverte de poussière rouge. Une petite ville où chaque semaine un train surgi de nulle part déverse son lot de nouveaux arrivants. Les Callaghan vivaient à l'écart et ne fréquentaient que quelques notables. Moi j'étais jeune, et face à l'espace immense qui s'ouvrait derrière ma maison j'avais l'impression qu'un grand avenir m'attendait.

Je ne sais plus très bien ce que j'espérais. Tout cela est si loin.

Aujourd'hui la mine n'existe plus, les Callaghan sont morts, leur belle maison a été détruite. D'eux ne restent que mes souvenirs, infinis, une ancienne ferme et un jardin brûlé de soleil, où je me suis cachée.

## *Valérie*

Chez un psy. On a emmené Elena chez un psy. Elle a trois ans et elle ne parle toujours pas. La pédiatre lui a fait passer toutes sortes d'examens mais n'a rien trouvé alors on est allés voir un psy. Classique. Pour Frédéric et moi c'est super compliqué de caser les rendez-vous chaque semaine dans nos agendas mais bon. Encore on a eu de la chance d'en trouver un dans cette ville paumée. Il est plutôt sympa, pour ce qui est de l'efficacité par contre… Moi je suis perdue. Tout s'est toujours bien passé avec Elena. C'était un bébé magnifique, en pleine santé. Alors quoi ?

Le psy nous a demandé comment deux Français s'étaient débrouillés pour se retrouver ici, à Salinasburg. On doit paraître bizarres.

En vérité sans l'Australie jamais je n'aurais connu Frédéric. On est tous les deux français mais j'ai grandi dans les quartiers nord de Marseille et lui vraiment pas, il a fait médecine et moi histoire de l'art. Coup de chance, on a participé tous les deux au même programme d'échange interuniversités et à Sydney, coup de foudre. Notre première décision en commun a été de ne pas rentrer en France. Alors on a terminé nos études, on a trouvé un emploi sur place, on était contents et puis, un jour, il m'a parlé de Salinasburg. Un poste de chef de service se libérait à l'hôpital régional. D'accord, aller dans ce trou perdu c'était dingue mais presque par hasard, au même moment, j'ai appris que les autorités locales cherchaient quelqu'un pour finaliser un vague projet de festival d'art contemporain. Le destin. Tout était à faire et ça m'allait. J'ai rencontré le maire et l'équipe du Centre d'art qui devait accueillir l'événement. Je leur ai dit que moi, une Française, de toute l'Australie j'étais la personne la plus qualifiée pour le job. Ils m'ont crue. Ou les candidats ne se sont peut-être pas bousculés, je ne saurai jamais.

À Sydney avec Frédéric on logeait tout en haut d'un immeuble et par les fenêtres on voyait le port de plaisance. Je n'avais jamais vécu en couple, avant. À dix-huit ans quand j'étais partie de chez mes parents c'était justement pour habiter seule. Je venais de m'inscrire en fac, j'avais trouvé un travail pour pouvoir payer le loyer, pas bien gros cela dit, d'un appart dans les quartiers nord et basta. J'y suis restée jusqu'au doctorat, après je suis partie en Australie. Jamais à l'époque je n'aurais autorisé un quelconque fiancé à poser sa brosse à dents dans ma salle de bains, question de principe. Je m'étais enfin échappée de la tribu qui me sert de famille et je voulais avoir la paix. Mais dès que je l'ai vu je suis tombée amoureuse de Frédéric. C'est le plus beau garçon que j'aie jamais rencontré.

Tous nos copains à Sydney nous avaient prévenus : Salinasburg c'est le pire coin du pays. Le truc sinistré en plein outback, loin de tout. Ils ne sont pas arrivés à nous faire changer d'avis, et rien ne pouvait me faire peur. J'étais avec Frédéric, on avait un boulot, on voulait un bébé, et surtout on avait décidé de vivre le plus loin possible de notre pays natal. Alors s'exiler à Salinasburg c'était trop tentant.

Salinasburg en fait ce n'est même pas si petit, mais à l'époque des pionniers il n'y avait carrément rien du tout. Ils ont d'abord ouvert les mines, puis la ligne de chemin de fer dans l'entre-deux-guerres et après les années soixante ça s'est un peu figé. Aujourd'hui c'est une agglomération plutôt qu'une ville, ou même une non-ville, avec des rues rectilignes, des immeubles en briques, quelques bâtiments neufs, pas beaucoup, des routes qui semblent n'aller nulle part, des fast-foods déglingués grands comme des entrepôts et des villas en bois cachées derrière leurs acacias. Une sorte de banlieue interminable. En France ou en Italie ils ont des petits villages resserrés, de vieux centres-ville, ici on a ça.

Au début avec Frédéric on était ébahis, on quadrillait tout en voiture juste pour le plaisir. Sydney déjà nous avait paru exotique mais Salinasburg ne ressemblait à rien de connu et tout de suite j'ai adoré. De temps en temps au détour d'une rue la ville se termine, et tombe sur le désert rouge du Territoire du Nord. Le dimanche on part en excursion jusqu'aux Hills, une chaîne de collines pierreuses pas très loin. Personne en France ne peut imaginer un paysage pareil, cette immensité écorchée, souffrante et somptueuse, semée de roches et de broussailles sèches. Et de temps en temps un arbre qui tord ses branches dans la fournaise. Nulle part je n'ai vu cette couleur de terre, ce rouge sombre qui envahit tout. Les jours de grand vent la ville est balayée par des bourrasques de poussière en fusion. Après on en retrouve dans les recoins des maisons, sur les vitres des voitures, dans les vêtements qu'on secoue.

Quand même c'est toujours un peu bizarre d'habiter là. Salinasburg c'est vraiment paumé et la première vraie ville est à mille kilomètres. J'avais dit à Frédéric : bon, on verra. Au pire, si on n'aime pas, on reste trois ou quatre ans, le temps de faire nos preuves dans nos jobs et d'avoir un bébé, au moins on sera au calme, après on pourra toujours aller ailleurs.

Il était d'accord. Frédéric je crois se fiche de l'endroit où il vit, tant qu'on ne l'oblige pas à rentrer en France.

Quand j'ai pris mon poste, j'avais peur que mes collègues se méfient d'une Française débarquée de nulle part pour diriger leur festival, mais non. Ils m'ont bien accueillie. On m'a donné un budget, je n'avais pas droit à l'erreur et je n'en ai pas fait. Simple. D'emblée je me suis bien entendue avec tout le monde. Je leur ai dit qu'à Salinasburg ils devaient inventer une Australie nouvelle, différente, mettre leur région en valeur, cesser de passer et de se prendre eux-mêmes pour des ploucs. En tant qu'habitants du centre du pays ils étaient porteurs d'une culture particulière, restait à savoir ce qu'ils étaient capables d'en tirer, voilà ce que je leur ai répété. Je les ai convaincus, eux et les décideurs. Il fallait trouver des formes artistiques, des moyens d'expression mais aussi des lieux qui leur correspondent. Si on réussissait, on pouvait devenir plus modernes que Sydney ou Melbourne. Les plus jeunes surtout ont été séduits et c'est devenu notre objectif premier : ne pas copier les autres mais proposer de l'inédit.

À cette époque-là avec Frédéric on travaillait comme des fous et on sortait presque tous les soirs, on avait toujours des rendez-vous à droite ou à gauche pour aller boire des bières dans les endroits les plus improbables et avec les gens les plus improbables. Parce qu'ici c'est génial. Depuis les années soixante-dix et quatre-vingt toutes sortes d'artistes et d'originaux ont échoué dans le coin. Soi-disant pour être tranquilles, créer en paix, vivre autrement, en fait ils sont tellement fauchés qu'ils peuvent difficilement habiter ailleurs. Du coup ils ont développé une philosophie et surtout un art off, nourri du vent chaud du désert et de cette ambiance particulière au centre brûlé du pays. Des babas cool, en résumé, d'un anticonformisme que Frédéric et moi on a tout de suite apprécié. Et quand l'envie nous prenait on allait passer le week-end à Sydney où on avait gardé des copains d'université. De temps en temps on voyageait, on est allés en Afrique du Sud, dans le Pacifique. Aujourd'hui aussi, avec notre petite Elena, il nous arrive de partir comme ça. Je crois qu'elle aime bien.

Au début on a trouvé un appartement à louer pas loin de l'hôpital, puis on a décidé d'acheter une maison. Frédéric disait que c'était un placement, que c'était mieux, moi je m'en fichais un peu. Dans ma famille on n'avait jamais rien possédé. Depuis leur arrivée sur le sol français mes grands-parents puis mes parents avaient toujours été locataires. Mais un dimanche on se promenait à vélo à Hamilton Creek et je suis tombée amoureuse de cette maison. Hamilton Creek c'est le bout du bout de Salinasburg, un endroit qui a dû être rural il n'y a pas si longtemps. Une rue interminable bordée d'acacias, avec de longues villas plus ou moins récentes en bois peint. On pourrait se croire dans une station balnéaire, sauf que le désert est juste là.

Je ne sais plus pourquoi on a poussé la balade jusqu'ici, et on s'est retrouvés devant cette bizarrerie : une vieille ferme, les volets cloués, avec un grand jardin à l'abandon et un panneau délavé accroché au portail : « À vendre ».

J'ai enjambé la barrière pour aller faire le tour du jardin, j'étais envoûtée. La maison semblait avoir traversé toutes sortes de cataclysmes mais elle était là, avec ses murs pâles et sa galerie de bois. Autour on devinait les vestiges d'un ancien verger envahi de broussailles, un potager retourné à l'état sauvage. C'était un désordre d'herbes sèches et de ronces, de fleurs aussi. J'ai remarqué quelques arbres fruitiers, des agrumes. Une clématite magnifique s'agrippait à un pilier. Ensuite c'était le désert et tout au fond on voyait les Hills. L'endroit était magique. Frédéric, je l'ai vu à son sourire, avait deviné. Je voulais vivre ici.

## *Ann*

J'étais si fière de ma clématite, j'aurais voulu qu'elle grimpe jusque sur le toit de la maison. Ce matin je suis allée la voir et j'ai un peu gratté la terre à son pied pour l'aérer. Mes rosiers du désert sont de nouveau splendides. Depuis que cette jeune femme a défriché les ronces qui envahissaient le jardin, petit à petit apparaissent des fleurs que je désespérais de retrouver un jour. Elle est méthodique et grâce à elle un miracle est en train de se produire, l'ensemble reprend forme. J'espère aussi que mon jardin l'éloigne de ses soucis. L'autre jour elle a semé quelque chose avec sa petite fille et j'ai eu l'impression qu'elle était très heureuse.

En tout cas, je ne l'entends jamais se disputer avec son mari. Moi non plus je ne me disputais pas avec Justin, mon bel amour était toujours si calme, si mesuré. Je me souviens des premières semaines de notre mariage, j'avais l'impression d'être enfin sortie de ma vie. Vous passez des années à servir le thé dans le salon de vos parents, rougissante et silencieuse comme il se doit, des années à jouer au tennis avec vos amies en regardant du coin de l'œil les garçons assis un peu plus loin sur des bancs, puis un jour vous êtes une épouse et vous vous rendez compte que rien ne vous a préparée à cela.

Suivant les exigences de son père, à la mine Justin s'occupait de tâches administratives. Il aurait préféré se consacrer à une modernisation radicale qu'il estimait indispensable, cependant il prenait son mal en patience. « Sinon je t'envoie t'occuper du bétail, comme cet incapable d'Arthur », avait tonné le patriarche. Justin s'était calmé dans l'instant.

Des années auparavant son frère aîné, Edward, avait été très tôt contraint d'endosser le rôle d'éleveur de moutons. À sa sortie du collège son père ne lui avait pas laissé le choix, persuadé qu'il s'agissait là d'un bon apprentissage de la vie. Puis Edward était mort, écrasé sous une charrue. Personne ne comprenait comment un accident aussi horrible avait pu se produire et Justin, tout jeune à l'époque, jura de ne jamais faire pareil métier. Son petit frère Arthur au contraire avait promis de s'occuper de l'exploitation et de poursuivre l'œuvre d'Edward. Leur père désapprouvait sans doute l'attitude de Justin. Même s'il avait bâti sa fortune grâce à la bauxite Feargus Callaghan estimait être un homme de la terre, comme ses aïeux irlandais avant lui, et il le répétait à qui voulait l'entendre. Il n'avait pourtant pas contredit Justin dont l'esprit pragmatique pouvait se montrer très utile à la mine. Dans ces années-là elle tournait à plein rendement.

En fait chez les Callaghan chacun avait réagi d'une manière différente à la disparition du fils aîné : la mère s'était enfermée dans une folie muette, le père dans sa raideur cassante. Arthur avait organisé patiemment sa propre destruction, il ne supportait pas d'avoir survécu à ce grand frère adoré. Seul Justin avait tenté de faire face, de maintenir à flot cette famille qui n'en était plus une. Mais son père, trop vieux jeu, empêchait le développement de la mine et Arthur les menait à la ruine. Devant ce désastre, Justin avait décidé de sauver sa propre vie en m'épousant et en nous installant aux portes du désert. Nous pensions que notre petite maison et son jardin savamment entretenu pourraient nous protéger de tout. Nous nous sommes trompés.

Je n'ai pas connu Edward mais je me souviens en avoir entendu parler. Feargus Callaghan s'épanchait parfois sur ce merveilleux premier fils, ce garçon extraordinaire que le Seigneur lui avait repris. La mère de Justin m'a un jour montré une photo de lui, « le meilleur d'entre nous », disait-elle de sa voix aigre en soulignant combien il ressemblait à son mari. Moi je ne voyais pas la moindre similitude entre le beau jeune homme de la photo et le vieil épouvantail qui lui servait d'époux, et je m'étonnais de cette soudaine confidence, car la plupart du temps l'impénétrable Harriet Callaghan serrait les dents et se taisait. Sa famille, irlandaise aussi, avait d'abord émigré en Angleterre avant de s'installer en Australie et il se racontait des choses assez désagréables sur eux mais ce n'était que des ragots. On disait aussi qu'elle n'avait pas choisi son mari, pas plus qu'il ne l'avait choisie. Son père à elle et le vieux monsieur Callaghan auraient fait affaire, les jeunes gens se contentant de se sourire timidement le jour où ils avaient été présentés. C'était sans doute vrai, mais à mon avis les mariages s'organisaient souvent de cette manière-là, dans le temps.

Je suis allée discrètement flâner dans le jardin. J'ai arraché des mauvaises herbes, cueilli quelques fleurs. Mes iris du Japon repoussent et leurs pétales si fins ont le don de me faire pleurer. La question tournait dans ma tête et je ne parvenais pas à la chasser : et toi, as-tu vraiment choisi ton mari ?

Je ne l'ai pas choisi je l'ai attrapé. Sinon je me serais retrouvée au bras d'un héritier de la grande bourgeoisie de Sydney et jamais je n'aurais quitté mon quartier, passant mes journées à courir les boutiques ou à recevoir des amies pour le thé. Une telle vie ne m'intéressait pas et je tenais à profiter de cette

Australie où le sort m'avait fait naître. Justin allait m'apporter ce dont j'avais besoin.

Nous nous sommes installés dans notre ferme. Quelques lieues nous séparaient de Salinasburg, aussi Justin partait tôt le matin rejoindre son bureau à la mine. Son jeune frère Arthur travaillait au domaine, lorsqu'il travaillait. Moi j'étais à la maison et pour m'aider on avait mis à ma disposition un couple de domestiques âgés qui servaient les Callaghan depuis toujours. Tim et Bee logeaient dans une remise, c'était ainsi à l'époque. Tim s'occupait du potager, de la basse-cour, de l'étable. Bee était chargée du ménage et de la cuisine. Toute la journée elle déplaçait sans bruit son corps énorme à travers la maison, occupée à mille choses que je lui abandonnais volontiers. J'aimais beaucoup cette femme, elle semblait être la bonté même. Pourtant, arrogante et insoucieuse comme je l'étais, je n'ai pas dû lui parler plus de dix minutes de toute ma vie.

L'avenir s'étendait devant moi comme le désert qui s'ouvre à la barrière du jardin. Rien n'était prévu et je n'avais rien à faire.

Non. Ce n'est pas juste. En réalité nous avions prévu, Justin et moi, d'avoir des enfants. Que nous n'avons jamais eus.

Mon citronnier de Sicile a bien grandi, ainsi je peux mesurer le temps évaporé depuis le jour où je l'ai planté. Je suis allée tout à l'heure essuyer ses belles feuilles vernissées. La jeune femme a arraché les ronces et retourné la terre, je peux désormais me promener entre les arbres de mon verger. Je l'ai créé de mes mains, mais qui s'en souviendra ?

Parce que je voulais faire quelque chose de ma vie. Mes parents n'étaient plus là pour me surveiller, me conseiller la broderie, m'interdire certaines lectures, me répéter que pour une fille il est inutile d'étudier. Justin était si tourmenté par son travail, il se fichait de savoir comment se déroulaient mes journées, me retrouver souriante à l'heure du dîner lui suffisait. Je n'avais pas la moindre idée de la façon dont je pouvais m'occuper. On m'avait présenté quelques jeunes couples qui vivaient dans les environs, j'aurais pu fréquenter les épouses mais elles me paraissaient stupides, alors je préférais rester seule. Et si j'avais désiré ce genre de loisirs, échanger des invitations pour le thé, je n'aurais pas quitté Sydney. J'ai regardé autour de moi mais ici à l'époque il n'y avait que le désert, des collines écorchées et la prairie aride sillonnée de pistes rouges, cette nature d'une immensité telle qu'elle semblait capable de nous engloutir.

Et un jour j'ai réalisé que j'avais à ma disposition le plus beau des terrains de jeux : un jardin. Alors je me suis mis en tête de le transformer.

L'idée de m'en emparer était née un matin où je regardais Tim s'affairer avec ses outils. Il se contentait de reproduire à l'identique le potager des fermiers précédents et laissait le reste brûler sous le soleil. Je lui ai dit de ne plus s'occuper que d'un petit carré destiné à notre consommation journalière, j'allais désormais cultiver moi-même la majorité de la parcelle. Tim a gardé pour lui les questions qu'il semblait se poser.

J'ai commandé des livres à la quincaillerie de Salinasburg, je ne sais pourquoi elle servait aussi de librairie. Dès le début j'ai eu l'ambition de faire des recherches, même si je ne le formulais pas ainsi. C'était amusant d'expérimenter toutes sortes de variétés de fleurs et de fruits. Le jeu consistait à dénicher des espèces capables de résister à la sécheresse. Et peu à peu la passion s'est emparée de moi. Grâce à mes recherches, le centre de l'Australie pouvait se transformer en verger. Voilà ce que j'imaginais.

J'ai fait venir des graines d'Europe et d'Afrique du Sud, j'ai sarclé, repiqué, taillé. Justin semblait très fier mais un brin inquiet. Son père, lorsqu'il parlait de mes plantations, mettait dans son intonation le plus de mépris possible, et son mépris enveloppait Justin, moi sa belle-fille sur qui il ne posait jamais les yeux, notre bicoque selon lui tout juste bonne à abriter des métayers. Il glissait à Justin : « Ta femme m'a tout l'air d'avoir besoin de distractions. » Justin ne lui répondait jamais, fermé dans un silence de rage dont je ne perçais pas, à l'époque, l'origine.

Bien après sa mort, j'ai mesuré combien j'avais été injuste envers Justin. J'aurais dû être plus à l'écoute et même, plus admirative. Il nous faut parfois une vie entière pour prendre conscience de l'étendue des qualités de quelqu'un et c'est ce qui m'est arrivé. J'étais si jeune et je venais d'un milieu si différent. Je n'imaginais pas le courage dont avait fait preuve mon mari pour grandir et survivre dans une famille comme la sienne.

## *Valérie*

Cette maison abandonnée je l'ai adorée dès que je l'ai vue, je l'ai dit au psy. Et il m'a demandé : pourquoi ?

J'y réfléchis depuis deux jours. Je ne vois pas le rapport avec le problème d'Elena mais chaque fois que le psy me pose une question j'en ai pour deux jours.

À côté des villas notre ferme est une survivante, voilà. Le témoin muet d'une époque où les pionniers ont décidé de fonder une ville ici, en plein outback.

J'étais à fond pour l'acheter, Frédéric moins mais il est toujours comme ça : mesuré. On est allés se renseigner à la mairie, ils ont pu nous trouver le nom du propriétaire, un monsieur un peu âgé domicilié sur la côte ouest, vers Perth. Je l'ai appelé. Il était sur sa terrasse, au-dessus de l'océan, du moins je l'imaginais parce que j'entendais le cri des goélands. « Ah, la maison d'Hamilton Creek, vous m'enlèveriez une épine du pied. » Je ne connaissais pas l'expression en anglais, ça m'a fait rire. Et oui, il voulait bien nous la vendre.

Au départ elle appartenait au frère de son grand-père, propriétaire terrien et exploitant minier qui avait eu trois fils tous morts jeunes. Voilà pourquoi lui, Georges Callaghan de Perth, avait hérité de ma ferme. Il est venu à Salinasburg signer la vente devant le notaire de la ville – « Non ça ne me dérange pas de me déplacer, pensez donc. À mon âge tout est distraction, mes journées se ressemblent trop, le matin je marche sur la plage, c'est à peu près tout, alors vous imaginez combien ça me fait plaisir, et puis voir Salinasburg, l'unique fois où j'en ai eu l'occasion j'étais encore un petit garçon. » Ce jour-là il m'a raconté. On s'était attablés dans la pâtisserie à côté de chez le notaire, devant un thé glacé. Après, il devait tout de suite repartir pour la côte ouest.

C'était juste une ferme, il l'avait dit. La maison des maîtres était ailleurs, plus à l'est, où il y a le grand centre commercial. Tout a été démoli mais les premiers Callaghan vivaient là, des Irlandais atrabilaires devenus riches en tombant sur une veine de bauxite. « J'aurais tant aimé qu'ils aient trouvé de l'or, au moins pour la légende. » Les Callaghan avaient acheté des terrains autour de la mine, des terrains et encore des terrains, et ils en avaient mis un certain nombre en fermage.

Les aborigènes connaissaient Hamilton Creek avant que les colons ne mettent la main dessus, parce qu'il y avait une source ici. « Des paysans s'y sont installés pour travailler au service des Callaghan. Ils devaient s'occuper de moutons, j'imagine. C'était le temps des pionniers, il n'y avait pas encore grand monde dans cette partie de l'Australie. J'ignore au fond comment vivaient ces gens. » Le grand-père de Georges Callaghan avait quitté très jeune Salinasburg pour s'établir sur la côte ouest – « Et il a eu raison, si vous voulez mon avis » – alors que le grand-oncle, Feargus Callaghan, était resté sur place, trop content de récupérer la mine et le domaine. Je voyais ça d'ici : le type devait se sentir investi du devoir moral de reprendre le flambeau. « C'était la période faste, le pays commençait à décoller. La guerre de 14 avait assommé l'Europe mais l'Australie ne se portait pas si mal. Tout était possible à qui s'en donnait la peine et les Irlandais étaient prêts à travailler quatre fois plus que tout le monde. » Et alors ? Ils n'avaient pas tous fait fortune, je l'ai dit à Georges Callaghan. « Bien entendu. Ces satanés Anglais possédaient tout ici. Je sais bien que ma famille a fait exception. Nous n'avons pas pour autant oublié qui nous sommes, les Callaghan ont employé et aidé beaucoup d'Irlandais à Salinasburg. » Tu parles, ils ont surtout dû les exploiter.

« Mon grand-oncle Feargus s'est marié et a eu trois garçons, tous morts très tôt. L'un, Edward, écrasé par une charrue. Selon mon père, c'était une bonne raison pour ne pas vivre à Salinasburg, il disait qu'on risque toujours d'y être victime d'une horreur de ce genre. » Un autre, Arthur, a été tué tout jeune en Europe, durant la dernière guerre. Et le troisième...

Georges Callaghan a hésité.

« Je ne me souviens pas vraiment. En tout cas rien n'allait plus, ici. » La mine s'est tarie et il y a eu un terrible accident. « Une galerie s'est effondrée ou quelque chose comme ça, alors ils ont vendu le domaine par petits bouts. Mon père était effrayé par cette avalanche de malheurs. On avait l'impression que vivre sur la côte nous avait permis d'échapper à une malédiction mais on ne comprenait pas laquelle. » Bref, a conclu Georges Callaghan en reposant son verre vide sur la table, « au bout d'un moment il n'est plus resté grand-chose des prestigieux Callaghan de Salinasburg. Juste une femme, à moitié folle à ce qu'il paraît, la veuve du dernier frère vivant, Justin, celui qui jusqu'au bout avait espéré redresser le domaine. Survivre à tous ces désastres devait avoir atteint le cerveau de cette femme, une certaine Ann, je crois. Elle vivait dans la maison que vous venez d'acheter. Et puis elle a fini par mourir à son tour, il y a longtemps, j'étais jeune, mon père a reçu un coup de fil du notaire lui annonçant qu'il venait d'hériter d'une ferme à Salinasburg. Il n'a même pas voulu la voir. À sa mort, quand il me l'a léguée, j'avais à peu près oublié son existence, à l'époque je passais la moitié de l'année en Nouvelle-Zélande. J'ai appelé le notaire et je lui ai dit de vendre mais il n'a pas trouvé preneur, les gens du coin n'en voulaient pas. J'ai pu la louer une ou deux fois à de nouveaux arrivants qui ont rendu les clefs assez vite. Et vous voilà. Je suis ravi qu'elle vous plaise. »

Et pourquoi les gens ne voulaient pas de cette maison ? Il n'en savait rien. Je lui ai proposé de faire une dernière fois le tour du propriétaire, mais il a secoué la tête en riant comme si j'avais dit une bêtise. « C'étaient seulement des cousins de mon père, voyez-vous ? Moi, je suis un Australien de la côte ouest. »

J'ai appelé le serveur et payé nos consommations. Georges Callaghan a épousseté son costume. Il avait l'air déçu par son retour ici mais je ne pouvais pas l'aider. En le quittant je l'ai interrogé sur le jardin qui entoure la maison. Je continue à me demander pourquoi on y trouve des plantes qui ne sont pas de la région. Il a eu une minute d'hésitation : « Oh, je vois. C'est sûrement cette Ann, l'épouse de Justin. Je crois qu'ils ont vécu là après leur mariage, j'ignore pourquoi ils n'habitaient pas dans la grande maison des Callaghan. Il me semble avoir entendu dire que c'était une dingue de l'horticulture ou quelque chose comme ça. »

Voilà comment on a emménagé ici. C'était avant Elena, on avait encore du temps, on passait nos week-ends à retaper la ferme et je me suis mise à défricher le terrain. Petit à petit ça prenait forme. Et dès le premier jour il y a eu cette atmosphère, comment dire ? Un sentiment de paix un peu étrange. On s'installe sous la galerie de bois à l'arrière de la maison, on regarde le jardin, le désert de l'autre côté de la barrière, les Hills tout au fond, et on peut rester des heures sans bouger. Jamais ailleurs je n'ai vu d'aussi beaux couchers de soleil.

Quand j'ai eu Elena je me suis beaucoup moins occupée du jardin. Mais là j'ai décidé de m'y remettre avec elle, qui ne parle toujours pas. Ça nous permettra d'avoir une activité en commun, c'est important. Du moins il me semble. Le psy trouve que c'est une bonne idée. Alors va pour le jardinage. J'en ai assez des questions sans réponse, autant agir. Il n'y a pas longtemps elle m'a aidée à semer des graines que j'avais achetées au centre commercial. Ma petite Elena. Elle s'appliquait très sérieusement, c'était marrant.

Bon sang pourquoi cette enfant ne parle pas ?

## *Ann*

Je suis si heureuse, enfin quelqu'un aime mon jardin. Tout de suite la jeune femme s'y est intéressée. Ce premier jour où elle a enjambé la barrière pour s'approcher de la maison j'ai vu qu'elle regardait mes chers arbres. Elle s'était même arrêtée devant le grenadier, mort et sec depuis des années. Quand il y a quelques jours elle s'est remise à défricher le terrain j'étais contente qu'elle commence par le verger, il en avait bien besoin. Les arbres à présent semblent respirer et je peux de nouveau déambuler entre leurs troncs, les mains croisées dans mon dos, comme un général qui inspecte ses troupes. Il y a si longtemps, ils étaient petits et je veillais sur eux comme s'il s'agissait de mes propres enfants. J'étais persuadée de parvenir à réaliser de grandes choses en leur compagnie.

On riait pourtant de moi à Salinasburg, j'en étais bien consciente. Au début des années trente, dans un milieu aussi rural, une femme ne pouvait se piquer de recherche scientifique. Mes ambitions paraissaient stupides et dans la famille de Justin tous estimaient que j'aurais mieux fait de me dévouer à mon destin, c'est-à-dire enfanter et encore enfanter. Ces Irlandais horriblement catholiques exécraient toute vie différente de la leur. Selon la volonté inflexible du patriarche, les rôles étaient distribués. Arthur, le jeune frère de Justin, était chargé de tout ce qui concernait le bétail, Justin s'occupait de la mine et moi je me devais d'assurer une descendance. Et régulièrement, Feargus Callaghan tenait de solennels discours sur la grandeur du devoir accompli.

En fait rien ne fonctionnait plus. Ni dans la famille, ni à la mine et encore moins sur le domaine. J'ai mis du temps à m'en rendre compte, j'étais si jeune. Et lorsque la réalité m'a sauté au visage il était trop tard.

Ainsi mon mari ne comprenait peut-être pas grand-chose à mes projets mais il me soutenait contre ses parents et je pouvais aussi m'appuyer sur Li-Peng, un ouvrier agricole chinois apparu un matin comme par magie devant la ferme. Il cherchait du travail et dans un anglais curieusement saccadé il m'a soudain posé une foule de questions sur le carré de verdure qu'il voyait là, derrière la maison.

Li-Peng avait étudié la botanique à Pékin avant de grimper sur un bateau en partance pour l'Australie. Je l'ai embauché au prétexte que le vieux Tim ne pouvait pas tout faire. Justin n'a pas protesté et Li-Peng a accepté sans discuter le salaire de misère que je lui ai proposé. En quelques jours cet homme providentiel a trouvé sa place à la ferme, sans mot dire, il semblait toujours enveloppé d'un halo de délicatesse et de bienséance. Sa bonne éducation devait, je le pensais souvent, être bien supérieure à la mienne, mais durant tout le temps où il est resté à notre service Li-Peng s'est montré discret sur son passé et celui de sa famille. À peine a-t-il dit quelques mots à propos de son père, haut fonctionnaire au service de l'armée impériale, son frère chirurgien dont il n'avait plus de nouvelles, ses cousins installés à Maurice. Et son grand-père, un notable respecté du sud de la Chine, possédait voilà bien longtemps un palais enfoui au sein de vertes montagnes toujours embrumées.

Les connaissances de Li-Peng en botanique étaient très étendues et il m'a été d'une aide précieuse. Lorsque je n'étais pas au jardin je passais mon temps plongée dans des ouvrages scientifiques que je me faisais envoyer depuis Sydney, parfois depuis l'Europe. Je m'étais aussi abonnée à quelques revues et bulletins de sociétés savantes américaines. Et puis je tenais ce que je nommais avec une certaine emphase mon carnet de bord, en réalité une sorte de chronique de l'avancée de mes travaux, rédigée sur des cahiers d'écolier. J'y notais des réflexions, des hypothèses, toutes sortes d'interrogations, je collais des articles de journaux entre les pages et je m'astreignais à rapporter les menus faits qui se déroulent dans un jardin au fil des saisons. À ma demande, Tim avait fixé une étagère sur un mur de mon bureau. Mois après mois j'y rangeais ces cahiers, les regarder m'emplissait de fierté.

Et le temps a passé. Aussi passionnée qu'une artiste, je me consacrais à mes plantations, Li-Peng dans mon ombre. Certains jours il ne venait pas. Chaque fois je m'inquiétais, et pourtant le lendemain il était là dans le jardin, les yeux baissés pour bien me faire comprendre qu'il ne supporterait aucune question. Les premiers temps je m'énervais, déclamais le code du bon employé et menaçais de le mettre à la porte s'il continuait à s'absenter de la sorte. Cependant lui et moi savions que pour rien au monde je ne me séparerais de lui. Alors j'ai cessé de me fâcher, me contentant de lui lancer un regard noir puis de me taire une matinée entière lorsqu'il réapparaissait enfin. Mon silence boudeur n'avait pas l'air de le déranger.

Un jour, bien des années après tout ceci, Justin venait de mourir, le monde s'écroulait autour de moi et j'ignorais si je pourrais continuer à vivre dans cette maison. J'ai demandé à Li-Peng ce que je deviendrais si après une telle absence il s'avisait de ne pas revenir du tout. « Je ne saurais même pas où aller vous chercher », ai-je avancé d'un ton plaintif. Je me suis mise à pleurer. Nous étions tous deux sous la galerie derrière la maison, face au jardin brûlé de soleil. Depuis quelques mois je n'y faisais plus grand-chose, à quoi bon ? Tim et Bee étaient partis, Li-Peng continuait à venir chaque jour ou presque et je continuais à le payer, dans une certaine mesure. Il a dit : « Il ne faut pas vous inquiéter, Ann. » Après tant d'années, c'était la première fois qu'il m'appelait par mon prénom, et moi je ne pouvais que pleurer. Je regardais le temps qui s'était enfui et j'ai pensé que sans Li-Peng je me serais déjà tuée.

## *Valérie*

Voilà, je me souviens. On était installés, le jardin devenait très beau débarrassé de toutes ses ronces et on a décidé de faire un bébé. Frédéric en a reparlé le premier. Il a dit que c'était le moment, bientôt ce serait trop tard. Mais je ne sais pas au juste ce qui l'avait décidé. Il ne se confie pas beaucoup.

Frédéric vient d'une région figée pour l'éternité. Il m'y a emmenée, quand on rentrait encore de temps en temps en France. Une petite ville proprette traversée d'une rivière. Rien à dire. Du Limousin à la Champagne il doit y en avoir au moins vingt-cinq comme ça, exactement pareilles. Dans la grande maison des parents de Frédéric le moindre meuble est à sa place et les repas de famille se déroulent toujours de la même façon. Je me souviens, on nous servait des volailles rebondies, des légumes dont je n'avais jamais entendu parler, des pâtisseries qui semblaient décliner toutes les combinaisons possibles entre trois ou quatre ingrédients, la crème le beurre les pommes, je plaisante mais c'était super bon. Pendant ces repas chacun s'autorisait cinq ou six phrases maximum et l'astuce consistait à les livrer une à une si on voulait tenir jusqu'au dessert. Alors je peux comprendre que même après vingt ans au bout du monde, aujourd'hui encore Frédéric ne soit pas très bavard.

Je me souviens surtout de la première fois où j'ai rencontré ses parents. C'était Noël et leur région enneigée ressemblait à une illustration de livre pour enfants. Moi tout sourire, prête à adorer ces gens parce que j'aimais leur fils. J'avais choisi des cadeaux et pas un seul ne leur a fait plaisir. La maman de Frédéric, sa tête devant le linge de table coloré que je lui avais apporté. Frédéric donnait l'impression d'être un peu embarrassé. Moi je trouvais le repas délicieux mais je ne comprenais rien à ce qui se disait. C'était la première fois que je voyais ailleurs qu'à la télé une famille entièrement composée de Français d'origine française, j'étais intriguée. Eux m'observaient à la dérobée en découpant leur viande en sauce blanche et moi j'ai tenté d'expliquer maladroitement à quel point j'appréciais, je ne connaissais pas ce plat quel régal. Et la cousine de Frédéric m'a fait remarquer que tout de même une blanquette de veau c'est relativement courant. Alors d'un coup j'ai su. J'ai su de quelle façon ils me regardaient avec ce que Frédéric avait dû leur dire sur ma famille, mes origines un peu italiennes un peu on ne savait pas trop et ma vie à Marseille. Dans mes yeux noirs et mes manières de camionneur ils voyaient une horde d'immigrants descendant du bateau au tournant du siècle, des femmes et leurs marmots innombrables, des logements insalubres, des hommes qui envahissent les usines, les rues, les tramways, les cafés – depuis leur région si bien rangée, allez deviner comment ils se représentaient les quartiers nord de Marseille. Comme un repaire de malfrats grandes gueules, de gens trop bronzés pour leur goût et de staliniens farouches – en même temps oui, c'est vrai qu'on est comme ça, et alors ? Mais c'est-y pas dieu possible, voilà que même leur maison n'était plus protégée contre ce fléau.

Aujourd'hui encore, la maman de Frédéric ne peut toujours pas s'expliquer pourquoi son fils est parti au bout du monde. Je suis certaine qu'elle continue à rêver d'une plaque de laiton avec le mot « Docteur » et leur nom de famille, collée sur une façade de la ville voisine. Elle irait la frotter de ses mains pour la rendre étincelante et elle dirait « cet après-midi je vais chez mon fils, oui celui qui est médecin en ville ». La ville juste à côté de chez eux, la seule en gros qu'elle connaisse. Pour des gens comme elle, le vaste monde se résume à une suite de lieux assez mal entretenus, et forcément moins respectables que leur petit département.

Frédéric déteste le milieu où il est né. Il n'en dit rien mais ne veut plus en entendre parler. Bon, la messe le dimanche moi aussi à sa place j'aurais saturé.

Je suis injuste, les parents de Frédéric sont sûrement de braves gens. Un peu coincés, comme beaucoup de Français. Est-ce qu'il existe un pays plus immobile ? Et puis c'est facile de critiquer les parents de Frédéric, je pourrais faire pareil avec les miens.

Cela dit chez moi rien à voir. J'ai emmené Frédéric à Marseille à l'époque où il m'arrivait encore d'y retourner. Son air effaré quand il a découvert l'ambiance survoltée des quartiers nord. Là-bas dans un déjeuner familial on est capables de caser vingt personnes autour d'une table prévue pour six.

Et toute à son hospitalité méditerranéenne ma mère avait proposé d'inviter aussi les parents de Frédéric – « c'est l'occasion de les rencontrer ». Ils auraient fait le trajet depuis leur province inconnue juste pour manger chez mes parents, comme si tout le monde avait forcément envie de vivre une expérience pareille. Depuis l'Antiquité ceux qui vivent au bord de la Méditerranée ne peuvent pas imaginer que d'autres soient contents d'être à l'intérieur des terres, c'est inconcevable, à coup sûr la famille de Frédéric devait nous envier d'habiter les quartiers nord de Marseille. Ma mère en est probablement toujours persuadée.

Je ne sais plus ce qu'elle avait préparé, cette première et presque unique fois où on est allés là-bas avec Frédéric. Une dizaine d'antipasti et des pâtes ensuite, c'est certain. Puis de la viande avec des légumes. Puis du fromage. Puis de la glace. Puis le café avec un gâteau. Et des fruits, si jamais.

Ce repas où Frédéric a rencontré ma famille avait bien sûr viré au psychodrame, comme toujours. Une engueulade avec un de mes frères, je ne sais plus pourquoi. Ils étaient tous là, mes frères, venus voir à quoi je ressemblais maintenant que je vivais en Australie. Mes parents en avaient profité pour me tomber dessus, pratique, et je leur avais répondu, prévisible. Heureusement il y avait mes cousins. Comme ils savent faire là-bas, mon cousin Bruno s'était moqué de ce qu'on disait, il m'avait fait rire alors on s'était tous calmés. En fond sonore il y avait ce brouhaha continu et familier, la télé la radio les petits qui pleurent les bruits de la rue par la fenêtre ouverte, et m'en souvenir me rend légèrement nostalgique. Où retrouver les histoires incroyables qu'ils ont toujours tous à raconter ?

Après le repas on était allés se baigner, mes frères mes cousins Frédéric et moi. Dans la crique il n'y avait que nous et deux trois ados du quartier parce qu'il faut bien connaître pour la trouver, descendre sous le pont du chemin de fer un petit chemin qui rejoint cette minuscule plage de galets où nos parents quand ils étaient jeunes se sont baignés avant nous. Un de ces endroits comme on en trouve là-bas. Tu es à une demi-heure du centre de

Marseille et tu as l'impression de passer le dimanche dans les Cyclades. Juste les roches blanches et le bleu de la mer. Mes frères s'entraînaient à plonger comme quand on avait douze ans, je n'ai jamais bien compris pourquoi ça leur plaisait autant. Frédéric si blond au milieu de nous. Mes frères pénibles, mais j'essayais encore de faire bonne figure. On a tout arrêté pas longtemps après cette année-là.

Alors voilà, chez moi c'est pas comme chez Frédéric, je veux bien raconter ça au psy. Chez moi ils parlent, et beaucoup, mais souvent pour ne rien dire, il faut faire très attention et être très entraîné pour parvenir à choper le truc important au détour d'une phrase, le détail foudroyant lâché l'air de rien comme ça, l'anecdote qui va résumer toute une vie, un gouffre, une horreur. L'histoire de l'immigration dans les quartiers nord de Marseille.

Frédéric ne m'a jamais avoué ce qu'il pense de cette tribu. Juste quelques remarques plus amusées que méchantes à propos de notre amour du clinquant, comme il dit. Notre côté oriental. Chaîne en or au cou des hommes, mascara en couche épaisse sur les cils des filles, mes frères qui cultivent jusqu'à l'absurde leur allure de princes arabes, sourires éclatants regard charbonneux, il caricature à peine. Moi ça m'a toujours fait rire, Frédéric un peu moins. Et puis notre générosité exubérante ne le séduit pas, elle l'embarrasse. Au fond il ne s'est jamais vraiment intéressé à mes origines, pour lui c'est juste exotique, il ne saisit pas la complexité de tout cela. Je ne lui en veux pas, moi-même je ne sais pas quoi en dire. Je peux parler de notre quartier avec tendresse, c'est un moyen très pratique pour qu'on ne me pose pas trop de questions. Mais je suis partie à l'autre bout du monde, voilà la vérité.

Toutes ces disputes avec mes parents et mes frères, bien sûr qu'il faudra en parler au psy. Pour en dire quoi ? Je ne sais pas pourquoi on n'a jamais réussi à s'entendre. Déjà quand j'étais toute petite. Et puis à dix ans l'art contemporain m'est tombé dessus. À la télé on avait vu un reportage sur les Compressions de César, ces épaves de voitures transformées en cubes de métal rouillé. Si on regarde bien, dans les replis de la tôle on peut reconnaître une portière ou un phare tout écrasé. Les Compressions ont changé ma vie, encore aujourd'hui je pourrais en parler pendant des heures, César est toujours mon plasticien préféré. Oui je sais : il s'appelait en réalité César Baldaccini, c'était un fils d'immigrés italiens et il a grandi dans le quartier populaire de la Belle-de-Mai, à Marseille.

À partir de cette époque-là le simple mot « artiste » pouvait me mettre en transe, je ne pensais pratiquement qu'à ça. Ils n'ont pas compris, et après le bac les vrais ennuis ont commencé quand je leur ai dit non, je n'allais faire ni un BTS ni un diplôme d'infirmière ni passer le concours d'entrée de l'École normale. J'allais m'inscrire en fac, voilà, étudier l'art contemporain et faire un jour un doctorat sur César. Je me suis débrouillée, il a fallu trouver rapido un job et habiter ailleurs pour avoir la paix, passer bravement partiel après partiel, sous les moqueries de mes frères quand je les voyais – vraiment histoire de l'art on n'a pas idée, et puis qu'est-ce que c'est ces artistes qui entassent des ferrailles, attends moi aussi je peux le faire – et l'aigreur de ma mère. Mon père depuis longtemps ne posait plus les yeux sur moi. Ni sur personne, cela dit.

L'hystérie collective a fini par avoir raison de ma patience. C'était il y a combien d'années ? Je vivais en Australie et je faisais l'effort de rentrer de temps en temps à Marseille. L'ambiance ne s'était pas apaisée, au contraire – d'ailleurs si tu reviens juste pour tout critiquer franchement tu ferais mieux de rester là-bas. Mes études interminables que je gravissais année après année ils s'en moquaient comme d'une lubie de gamine, tout ça n'avait aucun sens, j'aurais mieux fait d'apprendre un vrai métier, va savoir quoi, mais au fond le problème était ailleurs, je m'en aperçois aujourd'hui. J'aurais pu me passionner pour autre chose et ils auraient trouvé à redire, de toute façon, ces milliers d'engueulades depuis que j'étais petite c'était juste, j'ai mis du temps à m'en rendre compte, c'est vrai, c'était juste qu'ils auraient vécu plus tranquillement sans moi. Au fond je les comprends, parce qu'une fille c'est compliqué, moi surtout. Parce que notre histoire était compliquée, et la leur encore plus. Alors un jour on a tout arrêté et je ne les ai plus revus. De temps en temps je reçois un mail. Bon. Ils ne me manquent pas, jamais.

Me manquent seulement, certains jours, le vent salé quand j'attendais le bus pour aller au collège, les levers de soleil sur le front de mer, le vacarme des mouettes dans le ciel.

Et aussi le français hétéroclite et insouciant que parlent les gens de là-bas.

Elena grimpe sur mes genoux avec un livre, toujours le même depuis le début de la semaine, et l'ouvre en grand. Je dois lui lire tout de suite l'histoire du petit chaton qui enfourche son vélo et zou, vive la liberté.

## *Ann*

Grâce à la jeune femme, mon citronnier de Sicile a de nouveau fleuri. J'espère qu'il va bientôt donner des fruits. J'ai passé tant d'heures à étudier les agrumes dans mon bureau, lisant et relisant des ouvrages savants, et tant d'heures dans le jardin à surveiller la croissance de mes arbustes. Le matin, lorsque je me mettais au travail, je commençais toujours par aller les voir. Je voulais tellement réussir dans mes projets.

Justin était de plus en plus soucieux. Selon lui, la gestion imposée par son père allait leur faire perdre de l'argent, la fortune entière des Callaghan risquait d'y passer. « Un jour il faudra tout vendre », voilà ce qu'il disait. Je tentais de le calmer, d'être pragmatique. Bientôt son père serait trop âgé pour diriger la mine, alors il prendrait les commandes et tout s'arrangerait. Justin me répondait que le vieux renard s'accrochait. Je riais. Tout occupée par mon jardin je ne me faisais aucun souci, pas le moindre. Même si je m'en défendais, j'étais une petite perruche gâtée, typique des quartiers sud de Sydney. Il ne me venait pas à l'esprit que dans certaines circonstances l'argent peut se dérober, fuir entre les doigts, disparaître. Pas un instant je n'ai imaginé cette évidence : le travail n'engendre pas toujours de la richesse. À mes yeux, chaque chose était à sa place. J'avais une maison, un mari, une cuisinière, un homme à tout faire et Li-Peng pour m'assister dans mes recherches. Rien ne pouvait changer.

Après tant d'années je me rends compte à quel point Justin et moi vivions dans des univers différents. J'ignorais à peu près tout de ses préoccupations et il ne comprenait pas grand-chose aux miennes. Il m'encourageait dans mes recherches, mais peu lui importait qu'elles aboutissent un jour, et si je m'étais passionnée pour la broderie ou l'aquarelle sans doute m'aurait-il soutenue de la même façon. L'important pour lui était de tenir tête à ses parents, de ne pas les laisser imaginer qu'il pouvait regretter de m'avoir choisie. Et si mon comportement mettait son père en rage, tout était pour le mieux.

Moi, je ne me souciais ni de son père ni de sa famille. Jeune mariée, j'avais tenté de montrer de la sympathie à chacun mais ces satanés Irlandais étaient de véritables portes fermées. J'avais l'impression que les parents de Justin me reprocheraient toute ma vie de ne pas être née catholique et je trouvais leur obstination ridicule. Nous étions australiens, nous vivions au XX^e^ siècle, qu'importait la religion ?

Je n'ai jamais su grand-chose de la religion de Tim et Bee. Je me souviens, à certains moments de l'année ils se réunissaient au bout d'Hamilton Creek avec les autres aborigènes de la région pour se livrer à des cérémonies rituelles, et dans la nuit leurs chants parvenaient jusqu'à nous. Couchés dans le noir, Justin et moi écoutions en silence, en regrettant de nous sentir étrangers à ce qui était l'âme même de notre pays. Avec Li-Peng non plus je n'ai jamais parlé de religion. Une fois l'an, il célébrait une fête traditionnelle chinoise avec ses compatriotes dans leur quartier réservé. Les jours suivants, le vent du désert chassait à travers les rues de Salinasburg des lambeaux de papier rouge vif, vestiges aériens de leurs lampions.

Dans ces années-là j'ai tenté d'inciter Justin à faire de la politique. Je venais d'un milieu où souvent les hommes prenaient part à la chose publique, par goût du pouvoir, mais si j'encourageais Justin à s'engager c'était pour une tout autre raison. À Salinasburg il représentait une nouvelle génération, porteuse d'idées neuves. Nous avions un rôle à jouer, telle était ma certitude, et rien n'évoluerait jamais si les élites de Canberra continuaient à organiser seules l'avenir de ce pays. Les territoires du Nord en étaient le cœur battant, l'endroit où se concentraient les richesses minières, nous devions prendre les choses en main. Et je l'avais dit à Justin qui était d'accord avec moi, dans cette Australie nouvelle il faudrait accorder plus de place aux aborigènes. Curieusement, je m'en aperçois aujourd'hui, il ne m'est jamais venu à l'idée d'en discuter avec Tim et Bee.

Justin était trop réservé pour faire de la politique et mes ambitions me semblent aujourd'hui futiles et prétentieuses, mais j'étais jeune et le contexte était très particulier. La guerre était finie depuis longtemps, la première j'entends, et personne n'imaginait qu'il y en aurait une autre. Après la crise de 1929 beaucoup d'Australiens de mon âge pensaient que l'avenir allait se jouer de ce côté-ci de la planète, loin de la vieille Europe ou même des États-Unis. Notre pays avait perdu assez de temps à importer leur culture et leurs techniques, nous les avions suffisamment singés. L'heure était venue de nous émanciper. Mes recherches allaient permettre d'améliorer le rendement agricole des zones semi-désertiques d'Australie, j'étais certaine d'y parvenir. Je me doutais que des chercheurs à Sydney, Melbourne ou ailleurs devaient travailler sur le même sujet mais je ne m'inquiétais pas, je croyais au savoir empirique. Seule dans mes plantations, j'étais au cœur de la question et ma ténacité serait victorieuse, j'en étais persuadée.

Dans mon jardin enfin remis en état, je me surprends à retrouver les gestes de ma jeunesse. Le matin, après le départ de tout le monde, je descends discrètement et je vais regarder chacun de mes arbres. Je cueille une fleur ou deux, d'ailleurs je me demande si la jeune femme va planter de nouveaux massifs. Et puis je vais m'asseoir sous la galerie, à ma place. Lorsque Justin était encore vivant j'agissais déjà ainsi, mes journées se déroulaient toujours de la même façon. Je me levais tôt et prenais un petit déjeuner avec lui, puis il partait pour la mine et je descendais dans le jardin. Je laissais Tim et Bee se débrouiller, tous deux évoluaient sans mot dire entre la buanderie, la cuisine, l'atelier et l'étable où nous avions une vache et quelques agneaux. Le soir, dans la salle à manger bien rangée, je découvrais le bon repas préparé par Bee. Ma journée je la passais pour l'essentiel avec Li-Peng, lui non plus ne parlait presque pas et sa discrétion me convenait. Je n'ai jamais su où il vivait, sans doute louait-il une chambre quelque part aux abords de Salinasburg, dans cette zone occupée par la communauté chinoise. Il arrivait le matin sur son vélo et repartait le soir de même. Le samedi, je lui donnais sa paie.

De son côté Justin travaillait dur. La mine commençait à donner des signes de faiblesse et selon lui il fallait prospecter, acheter de nouveaux terrains, s'allier à d'autres producteurs de bauxite australiens pour contrer les consortiums américains, construire une usine de transformation de l'aluminium et maîtriser la chaîne de production. Il était temps de s'organiser autrement, voilà ce que Justin pensait. Salinasburg était en plein essor, la main-d'œuvre affluait, l'époque était idéale, mais si on n'y prenait pas garde la mine deviendrait un gouffre.

Son père refusait de suivre ses conseils. En réalité Feargus Callaghan n'a jamais eu foi qu'en son fils aîné trop tôt disparu, voilà pourquoi il prenait l'exact contre-pied des préconisations de Justin. Mieux valait se concentrer sur la mine, répétait-il. Elle donnerait encore, il suffisait d'ouvrir de nouvelles galeries. Et il avait d'autres problèmes, car son plus jeune fils était une catastrophe. À vingt ans Arthur buvait comme un trou et passait ses nuits à faire la fête dans les bars miteux de Salinasburg. À l'époque, tout ce que l'Australie comptait d'aventuriers à la petite semaine convergeait ici. Officiellement Arthur était chargé de veiller sur les ouvriers agricoles, leur distribuer le travail chaque matin, arpenter les terres des Callaghan pour repérer les clôtures cassées et autres incidents du même ordre. Mais rien de tout cela n'était fait. Il préférait jouer aux cartes avec les illettrés qui lui servaient de compagnons ou dormir dans une étable à n'importe quelle heure de la journée pour tenter de se remettre de ses débauches. Aussi les ouvriers agricoles volaient les Callaghan et revendaient en ville des agneaux ou du fourrage. Les premières années, un fermier occupait en quelque sorte les fonctions de régisseur et veillait à ce que les choses fonctionnent. Un jour il est mort, et tout est parti à vau-l'eau.

Bien plus tard quand tout a été terminé j'ai mesuré quel drame avait vécu Arthur et combien nous avions eu tort, Justin et moi, de le condamner au lieu de lui venir en aide. J'ai imaginé Arthur petit garçon perdant son grand frère Edward. À l'époque, personne ne s'était occupé du chagrin de cet enfant. Ses parents s'étaient murés dans un deuil absurde et Justin tout juste adolescent s'était transformé en adulte, assumant son nouveau rôle d'aîné. Arthur était resté sur place. Plus tard il avait dû affronter les remarques cinglantes de son père, sans cesse on lui rappelait que jamais il n'égalerait le vertueux Edward. Justin avait droit au même traitement mais il s'en fichait. À la mort de son frère Justin était devenu si solide… J'aurais dû lui dire à quel point il était admirable.

Ainsi Arthur, le petit dernier, n'avait personne pour l'aider à grandir. Alors il a vécu comme si plus rien n'importait, accumulant avec les années les frasques et les échecs quand Justin et moi l'ignorions avec hauteur. Oui, je peux le dire aujourd'hui, j'ai adoré le mépriser.

En fin d'après-midi, j'ai erré dans la maison en attendant leur retour. J'ai tiré un rideau, passé la main sur la table du salon, puis je me suis assise dans le bureau. La jeune femme a meublé cette pièce exactement comme je l'avais fait. Contre le mur du fond, une bibliothèque. Face à la fenêtre, une chaise et une table, placées là pour pouvoir contempler le jardin tout en travaillant.

## *Valérie*

Je l'ai dit au psy d'Elena : quand avec Frédéric on a décidé d'avoir un bébé, je n'ai plus pensé à rien d'autre. J'ai lu tout ce qu'il était possible de lire sur le sujet et avant même d'arrêter la pilule j'étais incollable sur la grossesse, l'accouchement, la santé du nourrisson. Et puis un jour, un soir plutôt, je n'ai pas entamé ma plaquette de pilules au huitième jour des règles, contrairement à ce que je faisais chaque mois depuis mes quinze ans. À partir de là j'ai eu l'impression de marcher sur un fil.

Quinze jours après j'étais enceinte. Super heureuse bien entendu mais un peu perplexe, je pensais que ça prendrait plus de temps, nous les femmes d'aujourd'hui on n'est pas des machines à enfanter, non ? Et pourtant un beau matin voilà j'attendais un bébé j'en étais certaine, un test de grossesse à la fin du mois hop c'était bon. Frédéric était abasourdi. Moi je savais d'où me venait cette fulgurante fécondité. Ma grand-mère maternelle a eu onze enfants, comme toujours les immigrés italiens de l'époque, à peine descendus du bateau on a dû se donner pour mission de peupler la France. Et là j'avais quitté Marseille depuis si longtemps, j'étais seule avec Frédéric en plein désert au centre de l'Australie et d'un coup ma grand-mère me faisait signe, est-ce que je dois le raconter au psy ? En tout cas je pouvais l'imaginer écrasée de rire, ah mais quelle bonne farce, quel bon tour elle venait de me jouer. Et moi émue devant mon test de grossesse, où que je sois sur cette Terre jamais mes aïeux ne me lâcheront. Depuis le fond de la Méditerranée ils venaient de m'envoyer un message, surtout mais surtout ne nous oublie pas. Merci j'avais compris et inutile de vous inquiéter, je ne vous oublierai pas.

Cela dit j'ai adoré être enceinte, adoré. J'aimais grossir, tenir mon ventre à deux mains devant moi, faire un tas de choses que la plupart des femmes ne s'autorisent pas, manger trop de gâteaux ou marcher seule sur les sentiers paumés des Hills. J'aimais sentir le bébé bouger dans mon ventre et lui parler tout le temps. C'était comme si je n'existais pas, seul comptait ce bébé que je transportais, j'aurais voulu que ça dure deux ans.

Pendant neuf mois Frédéric était au-delà de l'angoisse. Tout le stressait. Le moindre bruit, la plus petite migraine, il s'inquiétait dès que je prenais la voiture, vivait le portable à la main. Je le trouvais touchant, et puis dans les premières minutes après l'accouchement j'ai vu à quel point il était apaisé tout d'un coup. Alors j'ai compris. Pendant neuf mois il avait vécu dans la peur que, comme d'habitude, je casse quelque chose.

Je ne me souviens pas tellement de ce qui s'est passé juste après la naissance d'Elena. Il fallait penser à tout et moi je me contentais de regarder mon bébé. J'étais très étonnée de pouvoir quitter la maternité comme ça, personne pour m'arrêter et me dire : un bébé c'est trop fragile, laissez votre fille ici vous n'êtes pas capable de vous en occuper.

Mais la vie a continué. J'ai repris mon travail, ici les femmes n'ont pas beaucoup de congés après l'accouchement, et j'étais contente de retrouver le Centre d'art. À la maison c'était parfait. On a engagé une dame pour garder Elena dans la journée et le soir on se dépêchait de rentrer pour retrouver notre magnifique bébé. J'avais un peu la sensation de jouer dans un spot publicitaire mais objectivement tout allait bien. Elena était sage comme une image, elle me suivait des yeux depuis son petit transat, et quand elle me regardait comme ça j'avais l'impression qu'elle m'interrogeait. Oui, dès les premiers mois Elena a été une enfant pensive, réfléchie, souriante et douce. En un mot : mon exact contraire.

Elle était surtout très éveillée, la pédiatre aussi le disait. On la prenait dans notre lit le dimanche matin, on jouait avec elle. Et puis quand elle a eu deux ans à peu près, elle était déjà au jardin d'enfants, on a commencé à s'inquiéter. Elle ne parlait pas.

En fait elle n'a jamais prononcé un seul mot. Elle se fait comprendre sans problème, secoue la tête pour dire oui ou non, montre du doigt ce qu'elle veut. Elena ressemble à n'importe quelle petite fille de son âge mais elle ne parle pas.

Le psy ne nous aide pas beaucoup. Toujours ces questions sur notre passé familial, enfin le mien surtout, avec Frédéric c'est assez vite expédié. Pour finir j'ai bien voulu l'admettre, d'accord, si Elena ne parle pas on va dire que c'est à cause de moi, ou du moins que c'est lié à moi. Et après, je suis censée faire quoi ? Je ne vais pas remettre mes ancêtres dans le bateau, les renvoyer en Italie et basta on n'en parle plus. Bien sûr que ça a été compliqué. Et alors, qu'est-ce que j'y peux ? J'ai essayé d'en parler à Elena mais elle est petite, et depuis le centre de l'Australie comment elle pourrait imaginer les quartiers nord de Marseille ?

Le psy pense peut-être que je devrais lui dire : écoute, je ne sais pas forcément d'où ils sont venus tous mais un jour ils sont descendus d'un bateau et se sont mis à travailler comme des fous dans des usines ou sur le port, et la nuit ils n'arrêtaient pas c'était les réunions du parti ou de la CGT, *Bella ciao* et *L'Internationale*, les collages d'affiches et les actions clandestines, juste une réaction de survie, ficher ce vieux pays par terre et imposer la dictature du prolétariat, ils n'avaient pas traversé la moitié de la Méditerranée pour rien, voilà ce qu'ils ont dû penser. L'époque de mon père et ses frères c'était encore plus radical. Et puis quoi ? Et puis rien. Avec ma génération je ne sais pas pourquoi c'est parti dans tous les sens. Il y avait ceux qui ne s'en sortaient pas, ceux qui se sont mis à faire n'importe quoi, le procès de mon cousin ma mère m'a interdit d'y aller mais je m'en rappelle. Les dommages collatéraux. Et les autres familles c'était pareil. On venait de plein d'endroits différents mais on trimbalait tous un même passé de dingue qui aujourd'hui encore me laisse sans voix. Et moi perdue dans cette tourmente, m'efforçant de me concentrer sur mes livres et les sorties scolaires au musée, les seules choses qui m'intéressaient vraiment. Et puis un peu plus tard hop te voilà ma chérie ma petite Elena mon amour.

Je ne sais pas comment raconter notre histoire, on n'en a pas. Je me souviens juste que plus rien n'a ressemblé à rien avec la disparition de la première génération. Quand sont morts les derniers italophones de la famille, c'est comme si on nous avait arraché un bras.

Ces vieux qu'on asseyait en bout de table le dimanche. Mon grand-père paternel, en fin de repas il entonnait un chant traditionnel calabrais, une horreur, juste une note suspendue avec quelques ondulations de temps en temps, un truc à t'arracher les oreilles, j'ai su bien plus tard que ça s'appelle une polyphonie, c'est courant là-bas il paraît, dans les villages les hommes se rassemblent et chantent en chœur, mais comme il était tout seul forcément ça rendait moins bien. Je me souviens surtout de ma grand-mère maternelle, je l'adorais. La fin de sa vie elle l'a passée couchée dans son lit, toute maigre et fripée comme une brindille qu'on aurait abandonnée là. Dans les tout derniers jours, on n'a jamais su pourquoi, elle s'est mise à parler exclusivement dans ce qu'on a supposé être le dialecte de son village, là-bas dans les Pouilles – ou alors même, et j'aime bien l'imaginer aujourd'hui, une langue qui datait d'avant leur arrivée en Italie, de l'albanais, du turc ou quoi d'autre, va savoir, ils devaient peut-être encore l'utiliser en famille au temps de son enfance –, en tout cas personne n'y comprenait rien. Je me revois, je suis petite, je m'assois à côté d'elle sur le bord de son lit tellement haut. Elle me prend les mains, elle a son bon sourire fatigué, elle parle et elle parle, une sorte de chuchotis caillouteux, et je ne sais pas ce qu'elle me raconte.

Qu'est-ce que le psy peut en faire ? À part me suggérer que forcément, avec tout ça, c'est un peu normal que ma fille ait des problèmes de langage.

Pendant les rendez-vous, Frédéric je le vois bien est éberlué par ces innombrables histoires qui me reviennent. Au début, j'avais peur qu'il regrette d'avoir fait un bébé avec moi, genre une fille comme elle vraiment c'est trop compliqué. En fait non, je ne crois pas, sauf peut-être le jour où il a dit qu'utiliser à la maison une langue différente de celle du jardin d'enfants perturbait sans doute Elena. Selon lui, il fallait lui parler seulement en anglais, pas en français.

Je suis entrée dans une colère délirante, parce que je parle à ma fille comme je veux, et j'ai dit à Frédéric que jamais je ne donnerais l'impression d'avoir honte de ma condition d'immigrée en Australie.

Quelque chose m'avait foudroyée. Une panique venue du fond du siècle, surgie intacte de ce jour où ils étaient descendus du bateau à Marseille, quand ils s'étaient retrouvés dans un pays dont ils ne connaissaient pas le premier mot.

## *Ann*

L'air est si pur aujourd'hui, presque transparent. Je me suis assise sous la galerie ce matin et je n'en ai plus bougé. Je regarde les Hills, ils paraissent très proches. Des oiseaux tournent dans le ciel. J'ai aperçu tout à l'heure un petit animal du désert, il s'est aventuré jusque dans mes plates-bandes. Bien sûr, en réalité elles sont à peu près inexistantes, on devine seulement leur tracé. Mais moi je sais qu'elles sont là. Et d'ici je peux voir les gossypiums, mes rosiers du désert. Je les avais plantés le long de la barrière, ils donnaient chaque année de belles fleurs bleues. La jeune femme est vraiment parfaite, elle a su domestiquer l'amas de branchages qu'ils étaient devenus. J'aimerais pouvoir dire à Justin combien ils sont beaux à nouveau.

Justin m'écoutait d'une oreille distraite quand je lui parlais des fleurs, des légumes et des fruits que je tentais d'acclimater à la terre rouge de notre jardin. Mon malheureux bel amour ne pensait qu'à la mine et à ses problèmes. À sa mort, j'ai découvert l'ampleur des dettes accumulées sur le domaine et j'ai mesuré à quel point il avait eu raison d'être si préoccupé. Au lieu de passer mes journées dans le jardin en rêvant à d'improbables succès, j'aurais dû trouver un moyen de gagner de l'argent, et surtout j'aurais dû écouter Justin avec plus d'attention. Il était trop tard à ce moment-là et mon amour avait disparu, mort comme Edward, Arthur et leurs parents. Personne ne pouvait plus rien pour le domaine des Callaghan, les pertes étaient telles qu'il a fallu fermer la mine et brader les terrains. Pour la plupart ils étaient déjà hypothéqués, il me restait à peine de quoi vivre. Heureusement je gardais ma ferme. La grande maison des parents de Justin avait été vendue quand nous avions cessé d'attendre le retour d'Arthur. Après la fin du conflit était arrivée une lettre officielle que je n'ai pas lue, Justin ne me l'a pas montrée. Le vieux Callaghan et sa femme avaient déjà disparu, ils n'ont pas su comment était mort leur plus jeune fils, cet Arthur qu'ils tenaient pour un incapable. Aujourd'hui je sais que dans le nord de la France il y a un cimetière militaire, un simple pré recouvert de croix blanches, toutes identiques. Sous l'une d'elles repose Arthur qui s'en est allé mourir là-bas. Sans doute est-il toujours aussi malheureux.

La jeune femme pensera-t-elle à planter un grenadier pour remplacer celui qui est mort ?

Aujourd'hui je peux me souvenir d'un soir où Justin a parlé de tout abandonner.

L'après-midi était brûlant et j'arrosais le jardin avec Li-Peng. Justin est revenu de la mine plus tôt que d'habitude, un détail suffisamment rare pour m'inquiéter. Le temps pour moi de ranger mes outils, il avait demandé à Tim et Bee de nous servir des boissons et un repas froid sous la galerie derrière la maison. Ensuite ils pourraient se retirer, nous n'aurions plus besoin d'eux. Il était allé se changer, Bee avait disposé une carafe et des sandwichs sur une desserte puis avec Tim elle avait disparu, heureuse sans doute de ces quelques heures de repos inespéré.

Li-Peng et moi avons rejoint la galerie, Justin nous a servi à boire et je me suis laissée tomber dans un fauteuil en jonc. J'ai désigné un siège à Li-Peng : « Je vous en prie, asseyez-vous un instant avec nous. » J'ai toujours tenté de ne pas traiter Li-Peng comme un simple domestique mais il a toujours résisté, et d'ailleurs je ne le payais pas mieux qu'un garçon de ferme. Ce soir-là il est resté debout et a vidé son verre d'un trait. Puis, coulant un œil méfiant vers Justin qui ne se préoccupait pas de lui – Justin et Li-Peng se sont toujours détestés, je n'ai jamais su pourquoi –, il m'a demandé la permission de partir plus tôt si je n'avais plus de travail pour lui. J'ai accepté, un peu agacée par son attitude, cela dit j'étais heureuse de passer une grande soirée seule avec Justin.

Justin regardait le désert face à nous. Les Hills au loin allaient bientôt se teinter de rouge. Mon bel amour était si beau, mais paraissait fatigué. Je me suis penchée et j'ai posé une main sur sa joue. « Que se passe-t-il ? »

Il ne se passait rien de particulier. Arthur n'était pas encore parti et nous étions loin de nous douter qu'une guerre allait éclater en Europe. Justin supportait au quotidien l'immaturité de son frère et la bêtise obtuse de son père. Je ne sais pas si un incident particulier s'était produit ce jour-là, peut-être une dispute de plus, de trop, Justin ne m'a rien dit, il ne me racontait jamais grand-chose. Esquivant ma question il a soudain tenté de se montrer enjoué, de rire, et avec une gaieté forcée qui lui ressemblait si peu il m'a demandé, je m'en souviens parfaitement : « Ann, que dirais-tu de partir d'ici ? »

Comment était-ce possible ? Jamais Justin n'avait parlé de vivre ailleurs. Déjà au temps où il fréquentait le collège, à Sydney, il n'étudiait que pour retourner au plus vite sur cette terre conquise par ses ancêtres et je ne m'étais posé aucune question en l'épousant, certaine de le suivre à Salinasburg. Et maintenant il envisageait de partir.

Abasourdie, j'ai répété : « Partir d'ici… » Sur l'instant ce fut la seule chose que je trouvai à dire.

« Oui, a répondu Justin en souriant toujours, comme pour m'encourager. Partir n'importe où, aux États-Unis ou au Canada par exemple, je te laisse le choix. Nous sommes jeunes et je suis sûr de pouvoir trouver du travail ailleurs. Je ne serais pas le premier Callaghan à vivre en Amérique. J'ai paraît-il de lointains cousins installés à New York. Je pourrais essayer d'entrer en contact avec eux, après tout pourquoi pas ? Qu'avons-nous de si extraordinaire à faire ici ? » Le tout énoncé très vite, comme s'il avait préparé à l'avance ce qu'il déroulait mécaniquement, sur un ton à la fois farceur et embarrassé, un ton destiné à me laisser croire que l'idée venait de l'effleurer, mais ce n'était pas le cas, j'en étais certaine.

J'ai ri avec lui, quelle plaisanterie en effet ! Je lui ai montré le jardin devant nous et encore une fois j'ai répété : « Partir d'ici ? » De ma main ouverte je désignais les outils appuyés contre le mur de l'étable, les plates-bandes et le verger. Pas une seconde je n'aurais pu imaginer tout abandonner et je trouvais presque insultant d'entendre Justin s'interroger sur « ce que nous avions de si extraordinaire à faire ici ». Ne voyait-il pas mon travail ?

Justin s'était aperçu de sa maladresse. Il a eu un geste d'apaisement qui signifiait : « Rassure-toi, tout cela n'était qu'un jeu. » Et j'ai ri de nouveau, je voulais chasser mon inquiétude, ma colère plutôt, car je ne savais pas pourquoi il avait parlé ainsi.

Mes projets n'avaient donc aucune importance à ses yeux ?

Il s'est mis à parler d'autre chose, voilà tout était oublié. Mon bel amour avait retrouvé son calme habituel et me resservait à boire en me demandant comment s'était passée ma journée. Jamais par la suite nous n'avons évoqué cette étrange conversation.

Et nous sommes restés.

Tant de fois, bien des années plus tard, tant de fois j'ai repensé à cette soirée. Que savait Justin des difficultés qui finiraient par avoir raison de lui ? Je l'ignore et pourtant j'y ai songé durant des jours et des jours. Le soir tombait sur les Hills, j'avais de nouveau devant les yeux le plateau de sandwichs et de boissons préparé par Bee et je répondais : « Quelle bonne idée, Justin. Oui, si tu veux, partons d'ici. Quittons tout cela, partons pour New York. » Mais je n'avais rien dit et il était bien trop tard. Justin était mort, Arthur disparu quelque part en Europe, les Callaghan ruinés et le domaine vendu. Je restais seule dans cette vieille maison que j'avais réussi à sauver du désastre, seule à me souvenir de cette soirée.

Cette histoire me désespère pour l'éternité, et même je peux le dire me déchire le cœur morceau par morceau. Aujourd'hui encore, penser au plateau de boissons et de sandwichs posé sur la desserte suffit à me faire pleurer, car ce triste soir où Justin m'a priée de l'emmener au bout du monde est bien le seul instant de notre vie où il m'a demandé de l'aide, mais à sa manière à lui, sans le dire clairement, et moi cette aide je la lui ai refusée.

## *Valérie*

Cette nuit j'ai rêvé qu'Elena se mettait à parler et on n'arrivait plus à l'arrêter.

Elena Frédéric le jardin la maison. Et le travail. Je l'ai dit au psy. Frédéric et moi on n'a jamais été obligés de rester, on a choisi. Moi surtout. Construire de toutes pièces un festival d'art contemporain en plein désert, c'est l'aventure qu'il me fallait. D'ailleurs tout se passe bien. Cela dit on s'investit beaucoup avec Mark. Mon précieux coéquipier. On était tous les deux chargés de cours à l'Université, à Sydney, et je l'ai recruté dès mon arrivée ici. Mark s'occupe des plasticiens aborigènes, c'était son sujet de thèse. Son job ici : chercher la meilleure façon de les confronter aux autres créateurs australiens. Dès le début j'ai insisté sur la nécessité d'établir un dialogue entre les communautés, en misant sur des artistes émergents. Et question artistes émergents je suis blindée. Depuis mon arrivée en Australie j'ai croisé pas mal de gens intéressants mais inconnus. C'est difficile d'accéder à une visibilité nationale, surtout pour ceux qui vivent dans le Territoire du Nord, alors je me suis promis de les aider. Selon les années, certains noms font l'unanimité dans l'équipe, d'autres choix sont plus gonflés, je dois me battre pour les imposer. En même temps on est toujours arrivés à convaincre deux ou trois célébrissimes de participer, je crois qu'ils sont contents de voir sortir quelque chose d'inhabituel de Salinasburg. Et après tout ils n'ont rien à perdre.

Ma chance, c'est d'avoir su dès le départ définit un style. Inutile d'en discuter très longtemps avec Mark. Je voulais des artistes dans mon état d'esprit, des gens sincères, authentiques. Pas de bling-bling, on n'est pas à Paris. On a cherché des projets cohérents, à soutenir sur la durée, et des travaux sur des matières brutes. Les baies vitrées du Centre d'art donnent sur le désert, c'est important de relier les œuvres au lieu, à son ambiance. Bon, ça c'est le discours que je sers pour emballer l'affaire. En vérité, je choisis des artistes que j'aime, voilà, et il se trouve qu'ils sont dans cette logique. J'étais faite pour travailler ici.

Mark a toujours été d'accord. Lui aussi a construit une ligne éditoriale très nette. Il nous a apporté des plasticiens aborigènes inconnus du grand public et il n'a pas triché : ils sont tous exceptionnels. Comme Rob Kimurru, un très vieux monsieur qui peint d'immenses tableaux toujours dans les mêmes tons de gris et d'ocre. Ce sont des étendues de terres vues d'avion, traversées de sentiers à peine repérables, un paysage imaginaire reproduit inlassablement, le désert qui appartenait à ses ancêtres avant l'arrivée des colons. Ou comme May Tamwara, qui s'inspire de motifs traditionnels mais travaille sur des plaques de métal cabossées. Nos expos sont pensées à partir de leurs œuvres, rapprochées de celles d'artistes australiens non aborigènes. Les installations sonores de Tom Tellers, qui recréent aléatoirement le son des bourrasques au passage des visiteurs, ou les photos minérales du très politique Jon Tomas.

Et on avance, avec Mark. Quelque chose est en train de se passer ici, que j'attends depuis toujours, un truc impossible en France. J'ai bien fait de partir.

Pourtant c'était pas simple d'installer un festival dans un endroit pareil. Il a fallu convaincre les partenaires un par un. Le temps passé en rendez-vous. Apparemment, j'ai un pouvoir de persuasion hors du commun, mais sur le moment je me suis souvent énervée. Je m'énerve toujours. Selon Frédéric, je vais au travail avec un couteau entre les dents. Ma foi il n'a pas tort. Un jour il a même dit que je me comporte comme si la planète allait plonger dans une méga guerre civile et qu'il fallait se tenir prêt. J'ai corrigé : pas une guerre civile, la révolution.

Ça l'a fait rire. En tout cas le festival dès le début j'ai su ce que je voulais faire. Construire quelque chose d'éclaté, disperser des expos un peu partout en ville et dans les environs, comme ça tout le monde en profite. Je me souviens quand on a proposé de squatter les anciens abattoirs municipaux. Un tollé. Les événements les plus importants se passent toujours au Centre d'art, bien sûr, j'aime trop ce lieu. Une friche industrielle, magnifique, qui date du temps où les mines de Salinasburg étaient encore exploitées, une suite de hangars immenses. Je le dis à mes confrères européens quand j'en croise : voyez ici on a de la place. Le premier week-end, on programme des tables rondes, comme ça le public peut chaque année entendre des gens s'engueuler sur le rôle de la culture en Australie. Un truc important que j'ai exigé dès la première édition : le vernissage est ouvert à tous et chaque artiste s'engage à passer au moins deux heures sur son lieu d'exposition pour répondre aux questions des visiteurs.

Après le succès des débuts, les sponsors et les pouvoirs publics ont continué à nous soutenir. J'ai pu faire venir des artistes d'Afrique, d'Asie et de Nouvelle-Zélande, même d'Europe et des États-Unis. Le monde entier doit voir ce qui est en train de se passer dans le Territoire du Nord. Et si Salinasburg devient un tremplin pour des créateurs étrangers encore inconnus hors de leur pays, c'est parfait. Je choisis toujours des gens qui travaillent dans un certain esprit. Le Sénégalais Boubakar Fall et ses sculptures de bronze, la Japonaise Eriko Takashi qui depuis des années peint sur papier d'étranges et mélancoliques paysages de brume.

Je sais, ça ressemble à un programme politique. J'assume, c'est ma façon de travailler. Mais les responsables à la mairie de Salinasburg se méfient, je le vois bien. Au départ ils voulaient juste créer un peu d'animation dans le coin, j'exagère à peine. Cela dit ils m'ont toujours laissée libre de mes choix. Le festival est une réussite, tout le monde le dit. Année après année on l'a étoffé, il dure plus longtemps, on a ouvert des lieux d'expo éphémères vraiment marrants et maintenant on invite des musiciens contemporains, toujours dans cette même idée d'échange, de confrontation, d'interdisciplinarité.

Je ne suis pas australienne, je ne sais pas expliquer pourquoi voir émerger un mouvement artistique du Territoire du Nord me tient autant à cœur. Frédéric, qui a un avis objectif sur tout, aucun doute, dit que ça devient une obsession, comme si je me sentais investie d'une sorte de mission. En général je ne lui réponds pas.

D'ailleurs il se trompe. Je peux m'intéresser à autre chose qu'à l'art australien et je ne travaille pas sans arrêt. La preuve : en ce moment je passe tout mon temps libre avec Elena dans le jardin, et le voir reprendre vie me passionne. Avant moi il a été cultivé avec un amour débordant, j'en suis certaine. Celle qui en a pris soin serait Ann, la dernière femme à avoir vécu ici, si j'en crois Georges Callaghan. De toute évidence, elle a tenté de créer un verger démesuré et face au désert, ce qui me paraît délirant. En m'occupant des arbres et en les libérant des ronces, je commence à voir dans quelle logique elle a travaillé. Et elle devait être un peu dingue, Georges Callaghan a raison. En plus j'ai remarqué des trucs bizarres, des fleurs inconnues dans la région, une espèce de citronnier. Qu'est-ce qu'elle avait en tête ?

Ici en général les gens se fichent de leur jardin, tout est si sec, on se décourage vite. On veille juste à avoir un espace sympa pour boire des bières le soir, de l'ombre avec des acacias, pas trop de ces broussailles épineuses qui ont tendance à tout envahir, quelques massifs pour le décor, voilà. Mais autour de notre ferme c'est différent, la taille des plates-bandes laisse deviner une entreprise titanesque. Et j'ai même reconnu un cep de vigne, ici en plein outback, alors qu'en Australie il n'y en a que dans le Sud-Est, près de la côte.

Depuis que je défriche et que je me retrouve chez un psy toutes les semaines, je ne peux pas m'empêcher de m'interroger sur trois cents trucs différents. J'ai insisté dimanche dernier pour aller faire une excursion sur les Hills. On a pris le 4×4, Elena était ravie, et on s'est installés pour déjeuner sur les hauteurs, après un trajet chaotique qui m'a paru interminable, la piste n'est pas très bien entretenue. De là-haut on voit tout Salinasburg, on peut comprendre comment l'agglomération s'est petit à petit étendue, et on distingue notre ferme, tout au bout. Après, c'est le désert, le paysage imperturbable du Territoire du Nord, sable rouge et roches. Le jardin me paraissait minuscule en face de cette violence muette. Je tentais d'imaginer les lieux avant la construction des lotissements. Le passé, le mien et celui de la maison, est en train de me dévorer. Je voudrais en savoir plus sur les Callaghan, et j'aimerais bien comprendre pourquoi personne n'a voulu de cette ferme après eux. Alors ce samedi matin je suis allée avec Elena au musée des archives de Salinasburg. Normalement après l'avoir visité on sait tout sur l'aventure des chercheurs d'or qui ont fondé la ville. Il y a des outils agricoles, des vêtements de paysans exposés dans des vitrines, des documents officiels. Je l'aime bien ce musée.

J'ai garé ma voiture sur le parking. C'est sympa les matins comme ça à Salinasburg, quand l'air est encore respirable, dans quelques semaines on ne pourra plus faire un pas à cause de la chaleur. Dans le musée Elena s'est montrée très curieuse. Je lui expliquais un tas de choses et elle regardait tout d'un air pensif, réfléchie et sage comme à son habitude. Et soudain le choc : je me suis retrouvée nez à nez avec un Callaghan. C'était une photo jaunie, datée du début des années trente. Des notables posaient devant un bâtiment industriel en bois et en briques, sans doute la mine familiale, et sur le portail au-dessus d'eux on pouvait lire : « Callaghan & fils ». Selon le papier qui sert de cartel, le plus jeune de ces hommes, deuxième en partant de la gauche, était Justin Callaghan. Si je me souvenais bien c'était lui qui vivait dans ma maison avec sa femme, Ann. Tout de suite j'ai été frappée par la beauté de ce Justin. Il ressemblait à un acteur de cinéma. Une élégance de gentleman farmer, des traits réguliers, des yeux clairs. Il avait dans le regard quelque chose d'un peu distant, comme s'il regrettait d'être immortalisé au milieu des bourgeois de Salinasburg. Peut-être qu'il aurait voulu être ailleurs, loin de la mine et de ces hommes si différents de lui. Ce Justin était fait pour une autre vie, voilà ce que je me suis dit. J'ai toujours aimé construire des romans à partir de rien.

La jeune femme de l'accueil est venue nous rejoindre, elle devait avoir envie de bavarder, le musée était désert. « Vous semblez vous passionner pour l'histoire de notre ville. » Ce genre de phrase me tue. Je vis en Australie depuis des années mais n'importe quel Australien repère au premier coup d'œil que je suis étrangère. Et on me demande toujours : « Mais que faites-vous là ? »

Elle s'est enthousiasmée quand je lui ai parlé de mon poste au Centre d'art, c'est une fan. À Canberra pendant ses études elle courait les expos, et depuis son retour les musées lui manquent. Alors chaque année elle attend le festival avec impatience. On a un peu discuté, pourquoi vivre à Salinasburg si Canberra lui manque ? Elle n'avait pas trouvé de travail là-bas ? Apparemment ce n'est pas le problème, du travail il y en a bien plus à Canberra qu'à Salinasburg. Ce qui l'avait décidée à rentrer c'était – elle a écarté les bras – l'espace. Elle n'était pas la première à me sortir ça, les gens qui ont grandi dans l'outback supportent en général assez mal de vivre ailleurs. Elle m'a demandé ce que je cherchais dans le musée. Je lui ai expliqué que je m'étais installée dans une ancienne ferme restée longtemps vide, tout au bout d'Hamilton Creek, face au désert. Alors voilà, elle allait me trouver ridicule mais j'avais envie d'en savoir un peu plus sur son histoire. « Elle a appartenu aux Callaghan. Ils étaient importants ici, non ? »

Elle a ri. Oui, les Callaghan avaient été très importants à Salinasburg. « Ils possédaient une mine de bauxite et pas mal de terres. » D'après elle, on leur devait la construction du premier dispensaire de la ville. Ce sont des choses qui se faisaient, à l'époque. Je lui ai demandé pourquoi il ne restait presque rien d'eux. Apparemment leur mine s'est tarie. « Et puis ils ont eu une histoire un peu tragique, je crois. Je peux chercher si vous voulez, et je vais vous indiquer deux ou trois manuels d'histoire locale en accès libre à la bibliothèque municipale. En attendant, venez voir les relevés cadastraux affichés dans la dernière salle. On pourra suivre l'évolution de la propriété des Callaghan. »

Et je l'ai vue.

Sur une carte toute jaunie, c'était juste un petit point à l'ouest de la ville, loin au milieu de nulle part. J'étais émue aux larmes : ma maison venait d'être construite !

## *Ann*

Elle est inquiète à cause de sa petite fille, j'en suis certaine, je la vois déployer des trésors d'imagination pour l'amuser. Je ne sais pas pourquoi je n'entends jamais cette enfant. À son âge il me semble, elle devrait commencer à parler.

En tout cas il faudrait arroser ce jardin. Je n'aime pas qu'il soit délaissé, même si je me doute qu'une jeune femme qui travaille a bien d'autres choses à faire et à penser. Il faudrait aussi replanter des arbres, le verger est dépeuplé. Mon beau citronnier de Sicile a survécu, mais mes finger limes sont morts. Dire que je pensais créer une exploitation modèle. Je menais mes recherches depuis quelques années déjà quand j'ai décidé de cultiver des citronniers. Aujourd'hui encore je pense que c'était une bonne idée. Dans la jungle de la côte orientale il existe cette variété sauvage, le citrus australasica, un fruit si petit que les pionniers l'ont baptisé finger lime. Grâce à mon savoir-faire le monde entier allait en réclamer, j'étais prête à le parier.

Dans les années trente, personne n'avait encore jamais eu l'idée d'en cultiver. J'allais tenter de le faire dans notre région, pourtant bien plus sèche que la côte. Je pensais y parvenir en sélectionnant des plants et en les croisant avec d'autres agrumes. Cette dernière opération étant, je l'imaginais, des plus délicates.

J'aurais voulu acheter de jeunes arbres, embaucher des aides ponctuelles et créer un système d'irrigation moderne, avec un forage et une pompe. Cependant mes projets devenaient très onéreux et je ne gagnais pas d'argent. Tim allait vendre des légumes au marché de Salinasburg mais ne rapportait pas grand-chose et je m'en souciais peu. Parfois je laissais pourrir des fruits, préférant m'occuper des futures plantations au lieu de me consacrer à la récolte en cours. La plupart du temps je donnais tout aux bonnes œuvres de l'église irlandaise pour leurs pauvres, ou bien Li-Peng distribuait des paniers dans le quartier chinois car certains enfants là-bas manquaient de tout. Je me fichais de la rentabilité, si stupide que cela puisse paraître. J'étais une scientifique, pas une paysanne.

L'idée d'un verger de citronniers occupait mon esprit jour et nuit. Mais j'en avais calculé le coût et ne pouvais demander autant d'argent à Justin. À l'époque, une femme réclamait à son époux de quoi s'offrir des toilettes. Moi j'avais une ambition, bizarrerie très critiquée dans la famille de Justin et je ne voulais pas que son père vienne me reprocher de dilapider leur fichue fortune d'Irlandais embourgeoisés. Alors, après avoir longtemps réfléchi, j'ai décidé d'aller frapper à la porte de mes parents.

La démarche ne m'était pas agréable. Nos relations étaient devenues très froides depuis mon mariage, car ils l'avaient toujours désapprouvé.

Lorsqu'à dix-huit ans je leur avais annoncé ma décision d'épouser Justin Callaghan, ils avaient commencé par refuser tout net et s'étaient moqués de moi – « Connaissez-vous la nouvelle ? Ann veut aller habiter dans les territoires du Nord. » C'était si drôle. Je les ai laissés rire toute une semaine, en supposant qu'ils finiraient par se lasser. Puis j'ai répété à ma mère que nos intentions, à Justin et moi, n'avaient pas changé. Nous désirions nous marier et le plus tôt serait le mieux. Mes parents ont alors usé d'un autre stratagème. Mon père m'a convoquée dans son bureau au fond de l'appartement familial, une tradition quand il avait une chose importante – et en général déplaisante – à dire à l'un de ses enfants. Pendant des années il m'avait terrifiée mais depuis que je connaissais Justin plus rien ne pouvait me faire peur.

Je suis entrée dans le bureau. Mon père me tournait le dos, perdu dans la contemplation d'une marine accrochée au mur depuis toujours et j'ai pensé : « Quelle mascarade ! », en toussant pour signaler ma présence, comme une petite perruche bien élevée. Je ne sais plus ce qu'il m'a dit, mélange de froideur rance et de moralité inflexible. Pour résumer, une jeune fille de mon rang ne pouvait se perdre dans une famille infestée de catholiques (bien des années plus tard je me suis demandé quelle aurait été sa réaction si je m'étais mise en tête d'épouser un juif) et dans un endroit perdu où ma mère ne pourrait pas venir me rendre visite. D'ailleurs il n'y avait pas à discuter. D'autres fiancés se présenteraient, en attendant nous allions faire dire à ce garçon, fort sympathique au demeurant, que notre petite Ann n'était pas pour lui. En conséquence, notre porte lui serait désormais fermée.

Je l'ai laissé achever sa tirade. Il se tenait immobile devant moi, très droit, ridicule. L'usage aurait voulu que je me retire de son bureau en silence, aussi quand j'ai pris la parole il a sursauté. J'ai levé le menton et des larmes de rage dans les yeux je lui ai dit que j'épouserais Justin Callaghan et personne d'autre, même sans son consentement. Je m'enfuirais avec Justin, alors je serais déshonorée et il serait bien obligé de me laisser me marier.

C'était la première fois de ma vie que je me rebellais, mon père en est resté interdit. Je tournai les talons, traversai l'appartement, enfilai un manteau à la va-vite, attrapai au vol un chapeau, avant de claquer la porte en sortant, un comportement impensable à l'époque. Je n'avais pas dit où j'allais et peut-être mes parents ont-ils cru que j'avais donné rendez-vous à Justin dans un hôtel derrière le port. Mais je n'avais donné de rendez-vous à personne, je désirais seulement marcher seule au hasard jusqu'à sentir ma rage s'apaiser. Tandis que je passais sans fin d'une rue à une autre je regardais les gens, les boutiques, les immeubles familiers et, je l'ai compris plus tard, c'était ma façon de dire adieu à la ville où j'étais née et où j'avais grandi.

Lorsque je suis rentrée à la maison il faisait nuit. Prostrés sur une banquette dans le vestibule, mes parents m'attendaient. Ma mère pleurait. J'étais interloquée, à force de marcher j'avais presque oublié leur existence. Alors en les découvrant de la sorte, apeurés et pitoyables, pour la première fois je les ai vus tels qu'ils étaient : si engoncés dans leur mode de vie que le moindre écart les terrorisait.

Finalement ils m'ont autorisée à épouser Justin Callaghan.

Après mon mariage, ils ne sont jamais venus me voir à Salinasburg. Nous nous écrivions quelquefois, formules de politesse échangées dans la contrainte, sensation du devoir accompli lorsque je fermais l'enveloppe, agacement si je recevais du courrier car il me faudrait y répondre. Mon frère aîné s'était marié à son tour et je ne m'étais pas déplacée pour assister à la cérémonie. Je lui avais envoyé une lettre où je lui disais que Salinasburg était trop loin de Sydney et il avait assuré ne pas m'en vouloir. J'aimais beaucoup ce frère, je me souviens de nos parties de cache-cache dans le grand appartement familial. Il était devenu un homme ambitieux, tiré à quatre épingles, désormais époux d'une perruche gentille et bien élevée, je l'aurais parié.

Ainsi cette année-là j'ai décidé de rentrer à Sydney pour demander de l'argent à mes parents. Après tout, leur fortune était aussi la mienne et ils se devaient de me venir en aide, me répétais-je avant mon départ pour me donner du courage. J'avais demandé à Justin l'autorisation de m'absenter quelques jours et il me l'avait accordée sans poser de questions.

J'ai pris seule le train de Sydney, une décision presque téméraire pour l'époque. Je me souviens être arrivée fourbue dans ma ville natale, après un voyage harassant.

Aujourd'hui encore je ne peux trouver les mots pour dire mon émotion de revoir Sydney. Dès la gare centrale, j'ai été assaillie par l'animation citadine et les larmes me sont montées aux yeux. Dans le taxi qui me conduisait vers l'appartement familial je regardais les rues débordantes de gens affairés, de vendeurs ambulants, de badauds. J'étais si loin de Salinasburg et je me demandais comment il m'était possible de vivre sans ce joyeux désordre. Aussi je suis arrivée bouleversée chez mes parents. Ils ont cru que j'étais émue de les retrouver et je me suis bien gardée de les contredire. J'avais besoin de leur argent.

Toutefois ils se méfiaient et devaient se douter que je n'étais pas venue par simple envie de les revoir. Je les ai laissés patienter un jour ou deux, le temps de voir mes frères. Ils sont tous venus pour un dîner et nous avons passé la soirée à rire aux larmes en nous remémorant des anecdotes du passé. En bout de table nos parents nous contemplaient d'un air déconfit, ils devaient se demander s'il s'agissait bien là de leurs enfants, ces jeunes gens déjà adultes qui plaisantaient comme des gamins sans se préoccuper d'eux.

J'ai pu aussi rencontrer quelques-unes de mes anciennes amies, ma mère avait comme il se doit lancé des invitations pour un thé – dans les quartiers sud de Sydney chacun devait être averti du retour de sa fille chérie. Ce fut bizarre. Mes amies me regardaient à la dérobée, peut-être s'étaient-elles attendues à me voir revenir des territoires du Nord le corps couvert d'écailles, je ne sais pas, et moi je cherchais des sujets de conversation, oubliant qu'une seule chose pouvait passionner cette volière caquetante : la prochaine tenue à la mode sur Oxford Street.

Au bout de deux ou trois jours, il m'a fallu aborder la raison de ma venue à Sydney. J'ai choisi d'en parler au repas du soir, par sa solennité ce moment me semblait adapté à ma requête. Je me revois, dans la grande salle à manger dont les hautes fenêtres donnaient sur Saint-Georges Park. Mon père se tenait très droit, comme toujours, ma mère à son côté lui jetait de petits coups d'œil inquiets et moi je m'empêtrais, si peu assurée, j'avais l'impression d'avoir six ans. Cette démarche me coûtait alors qu'au fond elle était légitime, mes parents possédaient largement de quoi me venir en aide.

J'ai tenté de leur expliquer : voilà, j'avais besoin d'argent, enfin oui besoin d'argent et j'avais pensé que.

S'est ensuivi un étrange dialogue de sourds durant quelques minutes car j'ai commencé par me méprendre sur leur air empressé, presque joyeux. Contre toute attente ils semblaient être heureux de m'aider, fort disposés à avancer toute somme dont j'aurais besoin, quel qu'en soit le montant, ils n'y voyaient aucune objection, vraiment pas la moindre. Et ils en étaient transformés, généreux et enchantés de ce rôle de parents attentionnés que je leur permettais de jouer. Quand soudain j'ai compris. Ils ne m'avaient pas écoutée et se trompaient sur le sens de ma démarche.

Parce qu'ils l'appelaient de leurs vœux depuis le départ et que leurs cerveaux étroits ne pouvaient imaginer autre chose, ils avaient cru comprendre que Justin et moi avions besoin d'argent. Nous étions dans l'ennui pour une cause qui leur était inconnue et ne les intéressait pas, problèmes à la mine ou sur le domaine, peu leur importait. Ils continuaient à être certains qu'une jeune femme de mon rang ne pouvait vivre dans les territoires du Nord, comme ils me l'avaient répété. En un mot, ils croyaient que Justin et moi avions besoin d'argent pour rentrer à Sydney, et leur joie méchante me consternait.

Je les contemplais, muette. Ils étaient si heureux de pouvoir me sermonner – « nous te l'avions bien dit » –, gonflés depuis toujours de la même certitude, celle d'avoir fait preuve de bon sens en tentant d'empêcher mon mariage avec Justin. Et mes yeux ébahis les regardaient réorganiser ma vie selon leur bon vouloir : bien entendu ils étaient en mesure de nous avancer et même nous donner tout l'argent nécessaire et se chargeraient très volontiers de notre déménagement. Ma mère disait connaître une entreprise spécialisée dans le transport de meubles par train, je ne voyais pas comment c'était possible, elle n'avait jamais déménagé de sa vie. Bien entendu nous pourrions habiter quelque temps chez eux à notre arrivée à Sydney, l'appartement était assez vaste. Puis si nous le désirions – et seulement si nous le désirions, rien ne pressait – nous pourrions chercher un logement dans le quartier, ma mère se proposait déjà de visiter avec moi et de m'aider à trouver quelque chose de convenable à proximité. Bien entendu mon père présenterait Justin à ses associés, sans aucun doute pourrait-on lui faire une place, un jeune homme travailleur et méritant tel que lui.

Je devais être livide.

Je ne sais plus ce que j'ai crié quand je suis enfin sortie de mon silence atterré. Des insultes. Je me revois levant les poings avec rage, hurlant ma fureur et pleurant tout à la fois, car des années de colère enfouie se déversaient là. Je leur ai crié qu'ils n'avaient rien compris, je leur parlais de recherche scientifique et de travail et ils me conseillaient d'aller acheter des rideaux sur Oxford Street. Mais ne pouvaient-ils, une seule fois, imaginer une vie différente de la leur, des préoccupations autres, croyaient-ils vraiment que le monde entier rêvait d'habiter dans les quartiers sud de Sydney ? Ils étaient si stupides, ils ne connaissaient rien à l'Australie, la vraie. Je leur ai dit que de toute façon, même morte je ne rentrerais pas, j'en faisais le serment, plus jamais je ne remettrais les pieds dans leur épouvantable maison. Leur mesquinerie me faisait honte, ils n'avaient pas envisagé une seconde que je pouvais avoir besoin d'argent pour moi, pour mon travail, pour ce que j'étais en train de réaliser. Parviendraient-ils un jour à le comprendre ? Je n'étais pas l'obéissante petite fille qu'ils pensaient avoir élevée. Comment ne pouvaient-ils entendre que j'étais très bien là-bas, à Salinasburg ? Pourtant oui, j'y étais très bien, et l'avenir de l'Australie se jouait dans les territoires du Nord, pas dans leur quartier momifié. Seigneur, pourquoi depuis la nuit des temps étaient-ils toujours à ce point persuadés d'avoir raison ?

Ils se taisaient, effarés, immobiles, alors je quittai la pièce, montai en courant dans ma chambre et me couchai en prenant soin de fermer ma porte à double tour. Ils n'ont pas cherché à venir me parler, sans doute ne comprenaient-ils rien à cet esclandre. Ils ont dû se dire que la nuit me calmerait et que le lendemain nous pourrions discuter. Mais le lendemain lorsqu'ils se sont levés j'étais loin, j'avais quitté aux aurores leur maudite maison. Sans me retourner j'avais marché dans le petit matin en traînant ma valise jusqu'à la gare, pressée de rentrer à Salinasburg. Chez moi.

Et jamais je n'ai revu Sydney ni mes parents.

## *Valérie*

Si c'est réellement cette femme qui a imaginé le jardin, je comprends qu'elle y ait laissé sa santé mentale. Maintenant tout est propre et on voit bien comment elle a organisé l'espace, les endroits où elle a planté les rosiers du désert qui ensuite ont menacé de tout envahir, les arbres fruitiers, les vignes. Plein d'autres bizarreries. Je me demande pourquoi elle a fait une chose pareille. À l'époque il me semble la plupart des femmes de notables se contentaient d'être enceintes et boire du thé.

Moi aussi on me fait souvent remarquer que j'ai une relation irrationnelle à mon travail. Frédéric s'inquiète. Il a raison, c'est un peu démesuré. Par exemple il n'a pas compris mon enthousiasme délirant quand j'ai découvert Beetsy Najinpanga. C'était il y a un peu plus de quatre ans, un prof d'arts plastiques de Melbourne originaire du coin est tombé sur elle, par hasard parce que Beetsy ne vit pas à Salinasburg mais à l'écart de tout, presque en plein désert. De temps en temps on trouve comme ça des maisons isolées, sur les croisements entre la route de Darwin et une piste. En général elles sont en bois, antédiluviennes et délabrées. On les croit abandonnées mais non, des gens habitent là, je ne sais pas pourquoi. Un beau jour, ce prof a emmené des amis de Melbourne en excursion dans le Territoire du Nord pour leur montrer sa région natale. Ils ont suivi tout un circuit dans ces paysages rouges et écorchés que les touristes adorent et au retour sur Salinasburg, le moteur de leur 4×4 a commencé à faire un drôle de bruit. Ils se sont arrêtés à la première maison trouvée pour demander de l'aide et c'était chez Beetsy. Elle était dans sa cahute, toute seule au milieu de cette sorte d'immense terrain vague où elle a trouvé refuge. Gentiment, elle a proposé au prof et à ses copains d'attendre l'arrivée de la dépanneuse à l'ombre. « Entrez donc, vous voulez une bière ? », elle leur a dit de sa voix rauque. Le prof a regardé ses amis. Il faisait chaud, ils n'ont pas hésité longtemps avant d'accepter l'hospitalité de Beetsy, mais il a raconté par la suite avoir été un peu effrayé. Elle avait l'air d'une semi-dingue.

Ils sont entrés dans la véranda, un espace fermé de moustiquaires sous l'avant-toit où Beetsy passe une grande partie de son temps. Et là ils ont été saisis. La véranda était une installation d'art contemporain. Sur des fils tendus à travers la pièce Beetsy Najinpanga avait accroché toutes sortes de petites choses glanées dans le désert, brindilles ou minuscules carcasses d'oiseaux, et le long des murs s'élevaient des statues en terre, savant mélange d'art aborigène traditionnel et de folie personnelle. Ces sculptures j'en ai de grandes photos dans mon bureau. Elles représentent des êtres mi-humains mi-on ne sait pas trop et sont des appels aux cris, aux larmes, à la désolation. Le prof d'arts plastiques, fasciné, a un peu discuté avec Beetsy. Elle a raconté avoir roulé sa bosse, comme elle dit, d'un bord de l'Australie à l'autre, et suivi des cours de poterie à la maison d'arrêt de Victoria. Puis elle était revenue ici dans la région de son enfance, pour s'installer dans cette presque cabane à quelques kilomètres de Salinasburg. Il le lui a dit : ce qu'elle faisait était fabuleux, elle devait exposer. Elle a ri de son rire las, son rire grave, que j'ai entendu de temps en temps. Il a pris des photos et lui a promis de parler de son travail dans ses relations à Melbourne, et même si elle avait l'air de s'en ficher il l'a fait. Mais quand il a proposé à des galeristes d'aller à Salinasburg pour rencontrer une folle complète qui expose dans sa véranda, il s'est pris refus sur refus. Alors il m'a envoyé un mail. On ne se connaissait pas mais il lui était arrivé de lire des articles sur le festival et il avait déniché mon contact sur le site Internet. Il me suppliait : « Allez voir cette femme, je vous en conjure. » J'ai flairé l'événement et sauté dans mon 4 × 4. Moi aussi je suis entrée dans la véranda de Beetsy et il ne m'a pas fallu beaucoup de temps pour réaliser que je venais de mettre la main sur quelque chose d'exceptionnel.

Si j'étais photographe, j'adorerais réaliser un portrait de Beetsy Najinpanga. Elle fait partie de ces gens incroyables typiques du Territoire du Nord. À plus de cinquante ans elle conserve bizarrement une allure d'éternelle adolescente, d'adolescent plutôt, jeans-basquets-tee-shirt informe, sorte de bad boy androgyne coincé pour toujours dans ses dix-sept ans. On prend conscience de son âge à cause de ses rides autour des yeux, et alors on mesure que Beetsy a vécu sans doute des choses irracontables. La peau cuivrée, des dreadlocks, des yeux bridés, elle a je pense au moins un ancêtre asiatique mais Beetsy ne dit jamais rien sur ses origines, ni sur elle en général. Avec Mark on n'a saisi que quelques miettes de son passé et la journaliste de la radio locale qui a voulu l'interviewer s'est retrouvée devant un silence poli. Beetsy est née à Salinasburg, c'est sûr, et dans un milieu pauvrissime, comme beaucoup d'aborigènes et de métis. Elle a apparemment été enlevée à sa mère par les services sociaux et placée dans une institution, il paraît que c'était courant. À mon avis elle est à peine allée à l'école. Elle donne aussi l'impression de ne pas avoir de famille, une fois elle a laissé entendre que sa mère était une prostituée, je ne sais pas si c'est vrai. Beetsy a un peu bourlingué à travers l'Australie à l'adolescence, fréquenté quelques maisons d'arrêt, travaillé à droite à gauche avant de revenir s'échouer ici, je me demande bien pourquoi d'ailleurs, et s'installer non pas à Salinasburg mais presque en plein désert, loin de tout, dans cet ancien logement pour éleveurs de moutons. Elle est serveuse au bar d'une station-service, un de ces endroits incertains comme on en trouve dans le coin, un garage-épicerie-motel planté au bord de la route. Une longue salle, des tables clouées au sol, des chaises en métal, un comptoir avec vue sur les pompes à essence et le parking. Chaque jour Beetsy parcourt plusieurs kilomètres à bord de son pick-up déglingué pour aller là-bas servir des omelettes à des camionneurs. En fin d'après-midi, elle rentre chez elle et commence sa soirée en picolant tranquille devant la télé. Le dimanche elle arpente le désert, la nuit elle construit ses installations bizarres dans sa véranda. Avec de la terre rouge mélangée à un peu d'eau elle pétrit ces créatures stupéfiantes qu'elle seule peut imaginer. Quand une sculpture est terminée, elle la pose sur la table pour la laisser sécher, s'assoit devant avec une bière et lui parle. Enfin c'est ce qu'elle m'a raconté.

Quand on a décidé de montrer le travail de Beetsy Najinpanga, personne ne la connaissait mais on était sûrs de notre coup. On lui a réservé une salle dans l'ancienne école, un de mes lieux d'exposition préférés depuis le début. Beetsy est arrivée avec à l'arrière de son pick-up des sculptures et des caisses de vieilleries, toutes ces choses ramassées dans le désert qu'elle garde chez elle depuis des années. Elle a mis en place son barda sans parler à personne. Et toute l'équipe a été emballée.

Son installation faite de minuscules vestiges accrochés sur des fils tendus tenait de la dentelle aérienne autant que du foutoir hétéroclite. On ne se lassait pas de regarder ces fragments et de s'interroger sur leur origine. D'étranges personnages de terre rouge se dressaient ici et là, comme surgis du sol, êtres hurlant leur douleur muette, figés dans des gestes désespérés. C'était magnifique et inédit.

Le soir du vernissage, Beetsy Najinpanga s'est révélée incapable de répondre aux questions des visiteurs. Mark et moi on se relayait près d'elle, par prudence, on ne voulait pas la laisser seule parce qu'on avait déjà deviné : Najinpanga est ingérable.

Son travail a été une révélation. Des gens qui n'avaient jamais mis les pieds au festival sont venus, le bouche à oreille a fonctionné et un journal local a écrit : « Enfin notre histoire est exposée. » On a vu des ados débarquer avec leurs profs et revenir avec leurs parents. J'avais la sensation d'avoir joué mon rôle. Quelque chose débutait avec cette expo, j'en étais certaine, quelque chose d'important et je devinais ce que le travail de Najinpanga représentait pour la population du coin : cette fille était de chez eux.

J'ai tenté de mieux connaître Beetsy mais elle m'intimide. Je suis retournée chez elle et chaque fois je ne peux pas croire ce que mes yeux voient, ce foutoir impensable. Je l'ai aussi invitée à la maison. On avait préparé un apéro avec Frédéric et proposé à Mark, deux ou trois autres du Centre d'art, des amis, de venir aussi. J'espérais la découvrir sous un autre jour, je pensais qu'elle se sentirait à l'aise parmi nous. Mes invitations n'ont rien de snob, je ne sais pas comment je me débrouille mais ce que j'organise prend toujours l'allure d'un repas familial dans les quartiers nord de Marseille. Chaque fois il y a trop de choses à manger et l'ambiance est sans façons, ce qui correspond bien à l'atmosphère spontanée du Territoire du Nord – dans une ville comme Paris je n'aurais pas survécu. Elle est venue, pour ça elle est venue. Elle a éclusé des bières, assise toute seule dans un coin sous la galerie, offrant un sourire bienveillant à qui s'approchait pour lui parler, et puis elle est partie. À mon avis elle veut juste être toute seule.

Elle ne ressemble à personne. C'est une des rares véritables artistes que je connaisse, au milieu de tous ces gens qui cherchent seulement la notoriété. Beetsy se fiche de tout, sauf des vieilleries qu'elle ramène du désert et des sculptures entassées dans sa véranda.

Il y a quatre ans, en lui donnant un espace pour exposer on pensait lui apporter quelque chose, améliorer un peu son quotidien. En fait on a surtout failli la tuer, et je pèse mes mots. Sur le moment elle a sans doute été heureuse mais elle n'en parlait pas. Le dernier jour du festival, on a rangé son installation dans des cartons et elle est venue les chercher avec son pick-up. Et puis plus personne n'a eu de nouvelles de Beetsy. Avec Mark on était déjà sur le programme du festival suivant quand on a appris un peu par hasard que Beetsy n'allait pas bien du tout. J'ai décidé d'aller la voir. D'habitude je ne fais pas ça, je n'ai pas à me soucier des artistes entre deux expos. Là c'était différent, Beetsy Najinpanga est en quelque sorte mon artiste. Alors un jour je suis montée dans ma voiture et j'ai roulé jusque chez elle. Dans l'après-midi déjà bien entamé le désert prenait une de ces couleurs indéfinissables qui procurent un immense sentiment de sérénité. Je me suis garée devant la barrière de son jardin et une sorte de grand vautour s'est envolé pesamment. Ce baraquement de bois où vit Beetsy ressemble à un lendemain de fin du monde, un désastre, un film de science-fiction. Le tour de la maison est un désordre de pierres, de broussailles, de poussière rouge et tout un bric-à-brac qu'elle a disséminé : un fauteuil éventré, une carcasse de moto, je ne sais pas trop.

Beetsy était dans sa véranda et m'a semblé un peu éméchée. Je me suis assise, elle a sorti deux bières de son frigo sans se lever de sa chaise et on a un peu parlé. Elle n'avait plus envie de retourner à son boulot ni de continuer à faire des sculptures ni même d'aller se balader dans le désert. Je l'ai écoutée, je ne savais pas quoi faire à part l'encourager à se remettre à créer. Par la suite c'est devenu vraiment compliqué, je n'arrêtais pas de m'inquiéter. Elle était en pleine dépression et je ne voyais pas comment l'aider. Je passais la voir le plus souvent possible, je tentais de la secouer. Une ou deux fois elle est partie tout à trac à bord de son pick-up sans avertir personne et elle a disparu quelques jours. Parfois elle ne dessoûlait pas de toute une semaine, allait travailler seulement quand elle n'avait plus rien dans son frigo. Le patron de la station-service a patienté et ne l'a pas virée, une chance, encore aujourd'hui je ne sais pas comment il a pu se montrer aussi compréhensif. Et puis petit à petit je l'ai vue émerger, remonter la pente, sortir de sa noirceur. Elle ne s'est jamais expliquée et m'a juste dit un jour que, bof, elle en avait vu d'autres. Comme si elle était tombée dans un trou puis avait refait surface, et c'était tout.

J'ai souvent cherché ma part de responsabilité là-dedans, mais Mark et d'autres dans l'équipe se montraient pragmatiques – ils sont australiens – et plus positifs que moi. Beetsy s'était remise au travail, sa véranda était à nouveau envahie de monstres effrayants et de détritus ramassés dans le désert. Pourquoi se sentir coupable ? Chaque vie d'artiste comporte des passages à vide et c'était une chance pour Beetsy Najinpanga de nous avoir rencontrés. Ma foi, je me suis répété qu'ils avaient raison.

L'air est agréable aujourd'hui, pas trop chaud, j'en ai profité pour sortir plus tôt. J'ai récupéré Elena au jardin d'enfants et on a passé toute la fin d'après-midi ensemble. Le vernissage du nouveau festival approche, bientôt je ne serai plus très disponible à part pour la conduire chez le psy, j'ai bien noté les dates de rendez-vous, alors autant prendre tout de suite un peu de temps avec elle. On s'est installées sous la galerie à l'arrière de la maison. J'ai sorti sa caisse de jouets et assez vite le plancher s'est couvert de tout un attirail de dînettes en plastique, un petit train, des poupées et une ferme miniature entourée de ses animaux. Je me suis assise par terre. Elena est vraiment magnifique, elle a la blondeur de Frédéric et mes yeux noirs. Sage comme une image, elle s'affaire avec beaucoup de sérieux, dispose les animaux de la ferme selon une logique mystérieuse, puis me tend une poupée, puis court au jardin parce qu'elle a aperçu le chat des voisins, puis revient et réclame à boire. Elle sait très bien se faire comprendre : elle a déboulé devant moi avec son verre en plastique rose dans les mains, celui avec un motif de clown un peu effacé, tout sourire elle me l'a tendu en désignant du menton la porte de la cuisine, une lueur interrogative dans les yeux. Ce qui signifie, je suppose : « Tu n'irais pas me chercher quelque chose de frais ? »

Pour Elena tout semble normal, elle est la joie de vivre personnifiée, comme si elle ne remarquait rien de bizarre. J'ai pourtant envie de l'attraper aux épaules et de la secouer, de lui dire : « Bon sang Elena tu ne peux pas parler comme tout le monde ? C'est trop compliqué ? », ou encore : « Arrête Elena, arrête ta comédie. Arrête de faire semblant d'être muette. Elena ça suffit mets-toi à parler », et aussi : « Elena, pour une fois dis-moi : qu'est-ce que je t'ai fait ? » Mais je me tais, je la regarde. Elle s'approche de moi, met ses petits bras autour de mon cou et me colle un gros bisou sur la joue. De temps en temps, j'essaie d'imaginer toutes ces phrases qu'Elena ne dit pas. Elles doivent s'accumuler, quelque part dans sa tête.

## *Ann*

Je suis rentrée furieuse à Salinasburg et j'ai raconté à Justin ma dispute avec mes parents. Il m'a prise dans ses bras, comme toujours sa présence était apaisante et je me suis calmée dans l'instant. Je n'avais pas besoin de mes parents, mon bel amour était là. Inutile de m'inquiéter, disait-il. Il trouverait l'argent, l'important était de continuer ce que j'avais commencé et pour sa part il était très heureux d'avoir la femme la plus intelligente du monde. Alors j'ai ri.

Mes parents m'ont écrit et je ne leur ai pas répondu. Mon frère aîné a fait le voyage jusqu'à Salinasburg. Il entendait jouer les intermédiaires, proposer une solution de compromis et parvenir à une sorte de cessez-le-feu, je n'ai rien voulu entendre. J'avais pourtant été heureuse de le voir arriver. Avec une belle naïveté je l'imaginais capable de me comprendre et de s'intéresser à mon jardin. Il pourrait expliquer ensuite à nos parents combien ma vie était passionnante dans les territoires du Nord.

Mais c'est tout juste s'il a accordé un regard à mes plantations et son séjour il l'a passé à épousseter son costume en râlant. Sans cesse il me demandait comment j'étais capable de supporter une telle chaleur, une telle poussière, et je pouvais le voir se retenir de dire « une telle saleté ». Lorsque très fière je lui ai présenté Li-Peng, mon précieux assistant, il m'a jeté un regard interrogateur, un indécent regard interrogateur qui signifiait : « Ton assistant ? Et précieux de surcroît ? Ce Chinois ? As-tu perdu la tête ? »

Quand il est reparti à Sydney, sur le quai de la gare où j'avais fait l'effort de l'accompagner pour lui dire adieu il m'a grondée comme si j'étais encore une petite fille. Selon lui nos parents m'avaient passé trop de caprices. Si grande soit notre mésentente rien ne pouvait justifier ma volonté de cesser de les voir, car les enfants toujours doivent être obéissants ainsi que le Seigneur l'enseigne, sinon où irait le monde ? Penser à la façon dont mon attitude serait commentée dans les quartiers sud de Sydney lui donnait des sueurs froides. D'ailleurs, compte tenu des conditions épouvantables dans lesquelles je vivais, bien vite je regretterais mon entêtement, il en était certain. Je lui ai répondu avec calme qu'il était un homme du XIXe siècle. J'avais le cœur brisé de me fâcher avec mon grand frère mais j'avais choisi ma voie. Il est parti et je ne l'ai jamais revu.

Ni lui ni les autres, pas un seul instant je ne les ai regrettés. Et je ne leur devais rien, ce que disait mon frère était faux : on ne m'avait passé aucun caprice, au contraire on avait toujours agi comme si je ne pouvais posséder la moindre volonté personnelle.

À partir de ce moment-là je me suis retrouvée seule au monde, accrochée à Justin comme à un radeau, seule en effet mais infiniment libre et sereine, enfin délivrée du carcan que constituaient les attentes de mes parents. J'étais heureuse dans mon jardin face au désert avec mes plantations bien alignées, mes livres dans ma bibliothèque, mes cahiers sur leur étagère, Justin dans ma maison, Li-Peng pour me servir de bonne étoile, Tim et Bee pour veiller aux enchaînements des jours. J'allais me plonger dans mes recherches et rien désormais ne pourrait m'arrêter.

La jeune femme a planté quelques pieds de pastèques, leurs tiges emberlificotées s'étalent sur le sable. Les fruits sont encore petits et les fleurs d'un si délicat jaune pâle, elles tremblent toujours un peu dans le vent. J'aimerais ressortir mon carnet de bord pour les décrire. Moi aussi, je me souviens, j'en avais fait pousser dans un coin du potager mais je ne pouvais m'en contenter, mes recherches devaient progresser. Aussi Justin et moi avons fait nos comptes. Il nous restait un peu de l'argent donné par nos parents au moment de notre mariage, l'emménagement dans la ferme n'avait pas coûté si cher hormis l'achat de quelques meubles. En fait, nous ne nous sommes jamais installés au sens bourgeois de ce mot et plusieurs années après mon arrivée il manquait toujours des rideaux aux fenêtres. Je m'en fichais mais je me souviens qu'on jasait dans la petite société de Salinasburg et notre désinvolture mettait la mère de Justin en rage. Tout était de ma faute, selon elle, avec mon snobisme incompréhensible j'avais détourné son fils d'une vie convenable. Ah, si seulement Justin avait épousé une Irlandaise ! Elle ne pouvait nous comprendre : je n'aimais pas jouer les maîtresses de maison et Justin s'en fichait. Nous passions pour des originaux, à juste titre puisque Justin a accepté de consacrer notre argent à mes recherches – mon bel amour était d'accord sur tout ce que je proposais et se montrait ravi de faire un pied de nez aux conventions. Moi j'étais déterminée. Avoir abandonné sans me retourner frères et parents ne me laissait pas de choix, je devais aller de l'avant. Au moindre échec j'aurais dû reconnaître qu'ils avaient raison : j'étais une incapable et jamais je n'aurais dû quitter Sydney.

Ainsi j'avais à ma disposition une somme à investir.

Mes recherches prenaient un tour intéressant depuis que je m'étais mis en tête de cultiver des agrumes, et les citrons en particulier me passionnaient. Des fruits cultivés du sud de l'Europe à la Chine finiraient par s'adapter à notre sol rouge, et l'Australie entière, voire le reste du monde, nous envierait, j'en étais persuadée. Il suffisait de sélectionner et croiser des variétés, j'affinerais un goût particulier et les citrons de Salinasburg seraient bientôt célèbres.

J'ai fait venir des arbustes depuis Melbourne et Adelaïde, je me suis procuré toutes sortes d'ouvrages savants. J'ai noirci mes carnets de bord avec ferveur, rédigeant des analyses de chacune de mes lectures. Il me fallait travailler sur ces minuscules citrons qui poussent sur la côte est, j'en ai déjà parlé, les finger limes dont la pulpe semble faite de grains de verroterie. À l'époque on n'en trouvait que dans la jungle, je ne sais pas pourquoi personne ne s'était avisé d'en cultiver. Ma grande idée était de parvenir à mettre sur pied la première exploitation de finger limes d'Australie, en créant une souche plus résistante à la sécheresse que les essences sauvages, avec des fruits un peu plus gros, faciles à conserver et exporter.

Je me suis plongée dans le travail avec énergie et j'ai envoyé Li-Peng chercher des plants sur la côte est. Une opération compliquée car, pour une raison inconnue, Li-Peng refusait de quitter Salinasburg.

Je l'ai supplié des jours durant et il ne voulait rien entendre. Lui seul était en mesure d'aller là-bas, choisir des arbustes et les ramener en bon état, je ne pouvais pas le faire moi-même. Certes, j'avais pris le train toute seule pour aller à Sydney chez mes parents, mais Justin ne m'aurait pas autorisée à rejoindre de la même façon cette mystérieuse côte orientale, une région à demi civilisée et dangereuse, aucun mari ne m'aurait laissée partir. Et j'imaginais les exploitants locaux tels des rustres, exportateurs de bois, anciens chercheurs d'or et pirates échoués dans la jungle, je n'aurais pas su négocier avec eux l'arrachage et le transport des quelques dizaines d'arbustes dont j'avais besoin. Comme il était impossible pour Justin de s'éloigner de la mine, seul Li-Peng pouvait m'aider. Il s'en doutait et prenait un malin plaisir à me faire languir. C'était une torture, je ne comprenais pas son refus et surtout j'étais certaine qu'il finirait par accepter. « Et que devrais-je promettre pour parvenir à vous envoyer là-bas ? », lui ai-je dit un jour avec une emphase de tragédienne.

Li-Peng arborait ce sourire que je commençais à connaître. Il a fini par céder, contre compensation financière. Notre relation avait pris une tonalité nouvelle, troublante et acide. Au moins acceptait-il de se rendre là-bas et cela signifiait que j'allais continuer mes recherches. Je l'ai mis dans le train pour Adelaïde, il poursuivrait ensuite vers Sydney et Brisbane. Là, il lui faudrait trouver un moyen de transport plus adapté pour rejoindre Wallangarra, où il pourrait enfin trouver des finger limes. Lorsque le train est parti, soudain je me suis dit que Li-Peng peut-être ne reviendrait pas et disparaîtrait avec mes économies. Que savais-je de cet homme ? Mais j'ai eu tort de m'inquiéter car quelques semaines plus tard il était à la gare, heureux de me faire découvrir lui-même son chargement. Je ne sais pas comment il s'y était pris, il ne tenait presque plus sur ses jambes car l'aventure l'avait épuisé. Dans le dernier wagon, au milieu des malles et des sacs postaux s'alignaient des caisses à claire-voie. Et de leurs couvercles dépassaient les cimes d'arbustes aux feuilles vernies, ces arbustes dont je rêvais depuis tant de jours.

En fin d'après-midi je suis sortie dans le jardin. La jeune femme s'était installée sous la galerie à l'arrière de la maison avec sa petite fille. Bien entendu j'ai été discrète, elles n'ont pas soupçonné ma présence. J'aime beaucoup observer la petite fille en train de jouer, j'ai si peu connu le bonheur d'approcher des enfants. Elle semble en permanence occupée à mille choses minuscules. La jeune femme me paraît toujours aussi soucieuse, et je ne sais pas si c'est seulement lié à sa fille. Elle n'est pas australienne et peut-être est-ce compliqué pour elle de vivre ici. Je la regardais et j'ai pensé que j'aurais pu avoir cette vie-là, une vie passée auprès d'un petit enfant, et de temps en temps je l'aurais attrapé pour le dévorer de baisers.

## *Valérie*

À la fin du dernier rendez-vous, le psy d'Elena m'a demandé d'analyser ma relation au travail. Pourquoi j'ai l'impression de ne pas m'en sortir alors que le festival marche bien ? Tu parles d'une question. Parce que mon objectif n'est pas de diriger un festival, je le lui ai dit. Moi, je voudrais aider les artistes du Territoire du Nord, voilà la vérité. Les sortir de l'anonymat. Voir des programmateurs de Sydney ou Melbourne venir ici repérer de nouveaux talents. Et d'ailleurs ils feraient bien de s'inspirer de notre fonctionnement. Si on a réussi à installer un festival d'art contemporain dans le centre déshérité du pays, on peut imaginer des événements du même genre dans les banlieues des grandes villes. C'est possible, je le répète partout, mais ce n'est pas gagné et en attendant je suis toujours sous pression. Dans ce pays il faut sans arrêt être à la recherche de nouveaux financements, les sponsors sont capables de nous jeter du jour au lendemain et un changement de majorité politique peut signer notre arrêt de mort. J'ai d'abord pensé que le succès nous servait de caution mais Mark m'a conseillé de me méfier. Alors je me méfie, je suis toujours stressée, et de temps en temps j'explose et je dis que je m'en fiche, ils peuvent se débrouiller entre eux, moi je rentre en Europe quand je veux. Bien entendu, personne ne me croit.

Frédéric n'aime pas que je me rende malade avec ce festival, il me connaît assez pour deviner que ce n'est pas juste professionnel comme passion.

Quand on en parle je lui fais remarquer que lui aussi, il s'investit beaucoup dans son métier. Un jour il m'a répondu : aucun rapport, soigner des gens c'est universel, je peux faire ça n'importe où. Je me suis moquée de lui : Ah parce que l'art ce n'est pas universel peut-être ? Il ne m'a pas lâchée. « Bien sûr, mais on dirait que ta vie est suspendue à ce qui se crée dans le Territoire du Nord. » Je n'ai pas su répondre alors je lui ai sorti mon explication officielle : ce qui est en train de naître ici est sans précédent, cet art contemporain qui dit toute l'âpreté d'un sol, croise plusieurs cultures, et le reste. Il n'a pas été convaincu et s'interroge surtout sur ma fascination pour Najinpanga. Un jour, je l'ai reconnu : Beetsy remue chez moi des choses anciennes. Il a secoué la tête d'un air navré.

Qu'est-ce que je peux dire ? Il faudrait remonter au tout début, quand j'étais petite. Les entrepôts cadenassés le long du front de mer, les cargos rouillés, les containers abandonnés au bout de la jetée et le terrain vague où on allait jouer, comme un balcon dévasté au-dessus de la Méditerranée.

Le terrain vague était immense, et nous les enfants du quartier on s'y rassemblait dès qu'on pouvait. Au tout début je n'avais pas le droit d'y aller sans mes frères, alors j'ai commencé à les suivre comme une ombre minuscule. On aimait bien retrouver nos copains là-bas, loin des adultes. Enfin pas si loin que ça. Il y avait toujours des gens qui allaient et venaient, le terrain vague était un raccourci pour les pêcheurs et les dockers quand ils remontaient chez eux depuis les entrepôts. Je me souviens aussi d'hommes en grande discussion à l'écart, voitures garées à l'arrache, portières ouvertes. On ne s'approchait pas. Nous, on faisait des rodéos avec nos vélos, on jouait au ballon. Quelques filles, et beaucoup de garçons. À partir de six ou sept ans j'ai dû y passer tous mes mercredis et mes samedis après-midi (le dimanche était consacré aux déjeuners avec les innombrables frères et sœurs de mes parents, par roulement, il y en avait pour la journée). Soit dans une liberté totale des heures et des heures occupées à rire, tourner en rond, courir, à me battre.

En contrebas c'était des hangars, des empilements de containers rouillés, des grues, tout le bric-à-brac des industries portuaires, une installation d'art contemporain à ciel ouvert. On a grandi dans ce paysage sans limites, où des cargos s'évanouissaient comme par magie à l'horizon, et éternel. La mer nous rassurait, elle avait toujours été là, on le savait, déjà dans l'Antiquité c'était la même. On jouait dans le terrain vague et elle veillait sur nous.

Et puis il arrivait un jour où nous les filles on avait nos règles et alors le terrain vague mieux valait ne pas trop y traîner.

Mais je ne vois pas le rapport entre ce décor, ma passion pour Najinpanga, mon énervement chronique et les problèmes avec Elena. Et je suis certaine que le psy, malgré ses grands airs, ne voit pas non plus.

L'autre jour, par hasard j'ai croisé au centre commercial la jeune femme du musée des archives. On a un peu bavardé. Je m'intéresse toujours à l'histoire des Callaghan, je suis allée à la bibliothèque et j'ai trouvé des choses sur les notables qui ont fondé Salinasburg. Je peux me les représenter, ils s'accaparent la région et mettent à leur service les aborigènes abattus et les pouilleux qui surgissent affamés du train hebdomadaire. Des hommes en redingote, leurs épouses dans des robes longues si peu pratiques. Mais ça m'a laissée sur ma faim. Je l'ai dit à la jeune femme, j'aurais voulu trouver des infos qui soient plus dans l'humain, sur les Callaghan en tant que personnes. Je ne savais pas très bien. J'ai réfléchi : « C'est bizarre quand même. Pourquoi avoir construit une ferme au bout de leurs terres ? Maintenant c'est plein de lotissements, mais à l'époque Hamilton Creek devait être un lieu isolé. »

La jeune femme m'a conseillé de rendre visite à une vieille dame qu'elle connaît : « Si vous voulez de l'humain, vous en aurez. » On sortait du savoir officiel, la vieille dame avait toujours vécu là, c'était une sorte de mémoire vivante. En plus elle était bavarde et s'ennuyait ferme alors ce serait une bonne idée d'aller la voir, j'apprendrais plein de choses et je goûterais au plus merveilleux café de tout Salinasburg.

Du café ?

Elle a sorti un petit carnet de son sac, arraché une page et griffonné quelque chose dessus : « Voilà son nom et ses coordonnées. Elle s'appelle Madame Damato. Je la préviendrai de votre visite. »

J'ai regardé le bout de papier qu'elle me tendait. Elle avait écrit : Francesca Damato.

## *Ann*

Je n'ai pas retrouvé un seul pied de finger lime, aucun n'a survécu. J'en ai le cœur brisé, ils ont disparu et personne ne peut savoir qu'ils ont été là. Le jour où je les ai plantés, bien entendu je les savais mal adaptés au climat d'ici. Mais je voulais les croiser avec les citronniers de Sicile que j'avais réussi à me procurer, et créer une espèce hybride capable de prospérer dans notre désert. J'étais impatiente et débordais d'idées.

Toutefois je rencontrais un obstacle : le manque d'eau, un problème énorme à Salinasburg en ce temps-là. Alors j'ai proposé à Justin de faire creuser un forage au bout de notre terrain.

Il a été emballé.

Nous avons engagé à peu près tout l'argent qu'il nous restait dans ce projet fou. Je me souviens du matin où la pompe et l'éolienne sont arrivées par le train, en pièces détachées. Les ouvriers malais engagés pour l'occasion ont travaillé durant plusieurs jours et les habitants de Salinasburg sont venus nombreux observer le chantier. Justin était très fier de notre modernité, peut-être ces travaux-là étaient-ils un pâle reflet de ce qu'il aurait voulu tenter à la mine. Le forage allait améliorer notre confort domestique car désormais nous aurions de l'eau en quantité, Justin avait imaginé un système de canalisations pour l'acheminer vers la maison. J'en ai parlé à Bee. Debout sous la galerie, nous regardions toutes deux les ouvriers. Désormais elle ne serait plus contrainte de transporter des seaux entre le puits et la cuisine. « Vous devez être heureuse, certainement », lui ai-je glissé. Bee m'a regardée puis a souri avec bonté, comme si elle se trouvait devant une gamine qu'il est inutile de contrarier. « Certainement », a-t-elle concédé, sans avoir l'air convaincu. Intriguée, je l'ai pressée de s'expliquer.

Eh bien, commença-t-elle.

Bee avait peur, là était le problème. Bee avait peur car la machine perçait le sol caillouteux et dérangeait sans doute ce qui dormait dans les entrailles de la terre.

Je ne comprenais pas. Elle connaissait la mine des Callaghan, je ne voyais pas pourquoi le forage lui semblait plus dangereux. « Mais ici c'est un lieu particulier, avoua-t-elle en montrant de ses mains le désert devant nous. Je ne suis pas sûre que ce soit une bonne idée de creuser et de prendre l'eau qui est dessous. » Je n'ai pu tirer d'elle un mot de plus. Bee ne parlait jamais beaucoup, ce jour-là elle avait fait un effort particulier.

J'ai raconté l'incident le soir à table. Justin avait invité des amis pour le dîner, Chuck et sa femme Lilian. Arrivés peu après moi à Salinasburg, Chuck et Lilian étaient les seules personnes que j'acceptais de fréquenter. Nul ne savait pourquoi ils avaient quitté Seattle, cette ville d'Amérique du Nord dont ils disaient être originaires, ils éludaient toute question indiscrète mais Justin et moi ne leur en posions jamais. Il nous semblait important de respecter leur désir de tourner le dos à leur passé, à nos yeux ce devait être un droit fondamental pour tout être humain au XXe siècle. Une seule fois, je me souviens, j'avais demandé à Lilian comment ils s'étaient rencontrés, tous les deux. Avant qu'elle ne réponde Chuck avait déclaré l'avoir capturée au lasso. Et Lilian avait ri en disant : « Oui exactement, il m'a attrapée avec un lasso. »

Souvent à Salinasburg des gens surgissaient ainsi de nulle part, mais tous n'avaient pas l'élégance de Chuck et Lilian. Jamais je n'ai su pourquoi ils avaient choisi de s'installer ici et souvent j'ai remercié le ciel de me les avoir envoyés, ils étaient mes seuls amis. Enfin, « amis » n'est peut-être pas le mot juste, nous n'étions pas si proches. Ils venaient de temps en temps dîner à la ferme et nous passions la soirée à discuter sous la galerie. Lilian était une des plus belles femmes qu'il m'ait jamais été donné de rencontrer, Chuck disait parfois en la regardant qu'elle avait du sang indien mais c'était une de ses habituelles plaisanteries. À Salinasburg, Chuck et Lilian avaient ouvert un atelier de broderie où ils employaient de très jeunes filles, et elles leur étaient entièrement dévouées. Ils donnaient l'impression d'avoir eu beaucoup d'argent dans leur vie mais ne faisaient étalage de rien. Je les adorais.

Ainsi ce soir-là je leur ai raconté la frayeur de Bee. Alors Justin nous a expliqué, un peu embarrassé, qu'en effet Hamilton Creek était un lieu singulier pour les aborigènes. Lorsque les Callaghan avaient prévu d'y étendre leur domaine, les chefs des tribus locales avaient tenté de les en empêcher. Selon eux, toucher à ce territoire était dangereux et risquait de provoquer un grand malheur. Mais les autorités soutenaient les Callaghan. La ferme avait été construite, isolée au bout de leur exploitation, et rien ne s'était passé. Pourtant, de loin en loin, des allusions à propos d'une menace indicible réapparaissaient. « Le seul danger ici, a annoncé Chuck en levant son verre, le seul danger est qu'un jour Justin cesse d'idolâtrer Ann. » Alors Justin et moi avons ri, quel garçon charmant, et j'entends encore nos rires, ils montent dans le soir. Justin nous ressert à boire, nous sommes installés sous la galerie de bois derrière la maison, le soleil se couche sur les Hills, l'air a la transparence des soirs de printemps dans les territoires du Nord, et nos rires sont le signe léger de l'insouciance, celle de jeunes originaux qui se piquent de modernité. Nous ne le savons pas mais nous sommes des inconscients.

Je me souviens aujourd'hui d'un autre repas pris en compagnie de Chuck et Lilian, au cours d'une journée passée sur les Hills. Nous étions très fiers d'être les seuls habitants de Salinasburg à organiser des excursions jusque là-bas, je pourrais presque dire des expéditions, dans un temps où personne n'aurait eu l'idée de préparer un pique-nique, à plus forte raison sur les Hills, à des lieues de la ville. Mais rien ne pouvait nous arrêter. Nos automobiles s'élançaient dans le petit matin, parcouraient des kilomètres de routes poussiéreuses, seules au milieu de ce décor incroyable où la végétation se faisait de plus en plus rare. La piste filait tout droit dans l'immensité désertique puis, après un village aborigène où nous nous arrêtions toujours un moment pour nous reposer, elle partait à l'assaut des Hills. L'ascension se terminait en général sur ce que nous appelions le belvédère, une sorte de plateau dégagé. Dans le lointain il était possible de distinguer Salinasburg et même notre ferme un peu à l'écart, si minuscule, avec désormais l'éolienne dressée au bout du jardin. À nos pieds le désert s'étendait, infini, tout de terre rouge recouvert. Et je songeais chaque fois que sans nul doute le Seigneur en personne était venu poser ses mains sur ce paysage si beau, uniquement fait de sable et de roches. Chuck disait qu'aux États-Unis il existait des panoramas assez semblables mais je ne le croyais pas. Aucun pays au monde ne pouvait être aussi magnifique que le mien, je n'en doutais pas un seul instant.

La robe de Lilian, d'un délicat rose fané, semblait être un amoncellement de voiles et de soies. Nous nous sommes assises sur une nappe, Justin et Chuck ont commencé à déballer des victuailles. Bee nous avait préparé du poulet en gelée, des beignets, des fruits. Lilian a soudain évoqué, soucieuse, ce qu'elle avait lu dans un journal : une guerre se préparait en Europe, encore une, un chef d'État s'était mis en tête d'annexer des pays voisins. Nous étions assis, à nos pieds s'ouvrait le désert et je pensais à voix haute : « Une guerre, en Europe, pourquoi serions-nous concernés ? » Pourtant cela nous concernait, m'a fait remarquer Chuck avec sévérité. Savais-je seulement de quoi je parlais ?

Jamais il ne s'était adressé à moi sur ce ton-là, et je me souviens du regard interloqué de Justin. Chuck s'est excusé dans l'instant, mais je devinais ce qu'il voulait me dire. J'aurais dû vivre d'une autre manière, cesser de m'enfermer dans ce jardin dont je ne sortais presque jamais, lire des journaux plutôt que des traités d'agronomie, rencontrer des gens.

Le soir nous sommes revenus épuisés à Salinasburg, Chuck et Lilian sont rentrés chez eux et après leur départ j'ai demandé à Justin ce qu'il pensait de cette guerre à venir. Il était au courant bien entendu, lui aussi lisait les journaux – et ne me disait jamais ce qu'il y découvrait. La guerre a-t-il dit est dans la nature même des Européens. Heureusement pour nous, nos ancêtres avaient abandonné ce continent de peu d'intérêt. Cependant j'insistais : l'Australie serait mêlée à tout cela ? Justin le pensait et n'a pas cherché à me rassurer. Il espérait que cette guerre ne bouleverserait pas totalement la marche du monde, tout était déjà assez compliqué à la mine. Je n'avais pas envie d'entendre parler de la mine, alors j'avais changé de conversation.

Je suis tout à l'heure venue m'asseoir sous la galerie, j'y passe mes après-midi quand ils sont absents. Et soudain je me suis mise à pleurer. Dans un coin, des affaires de la petite fille ont été oubliées. Une minuscule paire de tennis, ce sont bien les plus petites chaussures que j'aie jamais vues. Elles ont été rangées contre le mur, serrées côte à côte, comme deux yeux fermés.

## *Valérie*

J'ai téléphoné à Francesca Damato. Elle s'attendait à mon appel, la jeune femme du musée l'avait prévenue : « Je suis ravie de parler de l'ancien temps vous ne pouvez pas savoir. » Alors samedi j'y suis allée, avec Elena. Ce n'était pas prévu mais Frédéric a dû prendre une garde à l'hôpital, cela dit c'est peut-être une bonne chose pour elle de rencontrer des gens nouveaux. J'ai quand même emporté sa collection de petites figurines pour qu'elle ne s'ennuie pas.

Je déteste les villas comme celle de Francesca Damato, et il y en a beaucoup ici. Des préfabriqués clefs en main, style mobile-home. La sienne doit dater des années soixante-dix, bon elle l'a au moins un peu arrangée, souvent dans le Territoire du Nord les maisons ne ressemblent à rien. Francesca Damato a disposé des pots de fleurs, brodé des rideaux, ce genre de choses. J'ai sonné et elle a tout de suite ouvert la porte comme si elle m'attendait juste derrière. Une dame âgée, peut-être pas autant que la jeune femme du musée me l'avait laissé entendre, avec une mise en plis soignée et un beau sourire. Elle s'est accroupie devant Elena qui lui a fait un gros bisou. Elena a le chic pour deviner les envies des autres.

Francesca Damato semblait enchantée par ma visite. Elle ne doit pas avoir grand monde avec qui parler, et surtout me dit-elle je lui apportais là une adorable petite fille. On est allées à la cuisine et elle a assis Elena devant un bon goûter, jus de fruits et tranche de gâteau.

Elle préparait le café et m'a lancé, en fronçant les sourcils comme si c'était très important : « Vous pouvez me redire comment vous vous appelez ? » J'ai souri. Je me doutais qu'elle me poserait la question. À part avec le psy d'Elena, depuis combien d'années je n'avais pas parlé de tout ça ? Alors je lui ai donné mon nom en articulant bien. Elle m'a demandé d'où j'étais, « exactement ». Elle venait de poser devant moi une minuscule tasse de café qui me ramenait à toutes sortes de souvenirs, parce qu'elle avait le parfum des maisons du quartier, quand j'étais petite. J'en ai avalé une gorgée, seigneur quelle merveille, et je lui ai expliqué. Ma famille paternelle vient de Calabre, et celle de ma mère des Pouilles, dans les environs de Bari. Ceux-là ne sont pas des Italiens pur jus, il y a de quoi se poser des questions, c'est compliqué, la Turquie, l'Albanie ou le Monténégro, allez savoir, mais je ne vais pas refaire toute l'histoire, je la connais mal d'ailleurs. Il me suffit d'imaginer un petit groupe d'hommes et de femmes tremblants et dépenaillés, agrippés les uns aux autres sur leur embarcation qui s'approche tant bien que mal du port de Bari, et les pêcheurs sur le quai silencieux bras croisés les regardent arriver, en général impossible pour moi de pousser plus loin, je ne veux même pas y penser. Côté paternel en revanche c'est simple. Des paysans calabrais austères qui pour une raison ou une autre ferment un jour leur maison et s'en vont prendre le premier bateau qu'ils trouvent. « Enfin voilà. Pour répondre à votre question, oui mon nom est calabrais.

– Je m'en doutais », m'a répondu Francesca Damato d'un air complice. Selon elle, des gens du même nom on en trouve aussi à Naples – elle est de Naples. Enfin pas vraiment, comme elle s'est empressée de préciser. Elle est australienne, née ici à Salinasburg, ce sont ses parents qui étaient de là-bas, ils avaient émigré juste après leur nuit de noces.

Je voyais ça d'ici : un garçon et une fille jamais sortis des bas-fonds de Naples, avec comme seule distraction la promenade du dimanche soir sur le front de mer. Comment leur était venue l'idée de venir en Australie ? « Oh, ils en avaient entendu parler », m'a dit Francesca Damato avec, il m'a semblé, une pointe de fierté : tout napolitains qu'ils soient, et pauvres et illettrés, ses parents ne pouvaient pas être considérés comme des ignorants, des rustres. Ils étaient arrivés ici juste avant la guerre. Pourquoi Salinasburg ? Le hasard, rien à dire là-dessus. En tout cas son père avait travaillé pour les Callaghan, pas à la mine mais comme maçon quand il y avait des travaux sur le domaine. Sa mère aussi d'ailleurs. Elle s'était débrouillée pour se faire embaucher dans l'unique blanchisserie de la ville, et de temps en temps elle avait dû livrer chez les Callaghan des piles de draps repassés. C'était parti : Francesca Damato a commencé à raconter et, comme j'ai pu m'en apercevoir depuis, elle peut le faire pendant des heures.

Évidemment elle n'a pas connu les vieux Callaghan ni leur fils mort à la guerre. Pourtant elle a entendu parler d'eux, des patrons méprisants et un peu dérangés, il faut le dire, parce que la folie a petit à petit gagné tous les membres de cette famille, une maladie invisible qui a rendu le vieux monsieur tout le temps furieux, la vieille Harriet Callaghan à peu près muette et mené tout le monde à la tragédie. « Les gens ne les aimaient pas. Ils s'obstinaient à vivre à l'ancienne sans s'apercevoir que l'Australie changeait. Vous savez, à cette époque les Italiens étaient devenus la communauté la plus importante de Salinasburg. » Ce qui m'a sincèrement fait plaisir.

Les Callaghan avaient cessé d'être un exemple et ne le supportaient pas, selon Francesca Damato.

Elle gardait un vague souvenir du propriétaire de ma maison, « le deuxième fils, on l'appelait Monsieur Justin je crois. Quand j'étais petite, le jour de la fête nationale il trônait avec les officiels, comme les autres grands propriétaires terriens. Je me souviens qu'il était très beau, ce monsieur. Une fois, mon père a dû aller réparer quelque chose chez lui à la ferme et il avait dit à ma mère que c'était un homme bien, tout le contraire de son père, le vieux Feargus Callaghan. Quelqu'un de moderne, en somme. Mais il avait ajouté que Justin Callaghan était sans doute malheureux parce que sa femme était aussi folle que sa mère, dans un genre différent ».

Folle ?

Francesca Damato a eu un geste d'impuissance : « Je me souviens d'elle quand elle était déjà veuve. On pouvait la croiser en ville, les dernières années, habillée comme une clocharde de l'ancien temps. Elle ne devait pas être si âgée mais pour nous, les enfants, c'était une vieille sorcière. Le plus souvent elle restait sous la galerie derrière sa maison, toute la journée à regarder comme ça son jardin tout séché. Elle faisait pitié et ceux de l'église irlandaise lui apportaient à manger. »

L'après-midi a filé doucement, Elena jouait avec ses minuscules figurines tout en écoutant notre conversation, je suis sûre qu'elle n'en perdait pas une miette. Francesca Damato s'est tue, on regardait toutes les deux Elena. J'ai ramené une mèche de ses cheveux blonds derrière son oreille et Francesca Damato lui a demandé si elle voulait encore du gâteau. J'ai fait remarquer qu'elle en avait déjà englouti deux parts. D'ailleurs il était temps d'y aller, et je ne savais pas comment remercier pour tout ça.

« Pensez donc, elle a répondu, j'étais tellement contente de bavarder. Revenez, je chercherai des photos de ces années-là. Et si vous avez un jour besoin d'une grand-mère-baby-sitter, je serais ravie de m'occuper d'une si jolie petite fille. »

C'était bien la première fois qu'on ne me questionnait pas sur le mutisme d'Elena, Francesca Damato a dû décider de s'en accommoder. Je vais y retourner sûrement, elle ne m'en a pas assez dit sur le Salinasburg de quand elle était petite, ni sur les Callaghan.

Et je l'ai invitée au vernissage du festival, il aura lieu bientôt. Elle m'a avoué n'avoir jamais vu d'expo d'art contemporain de sa vie. Alors pourquoi pas, après tout.

Le soir tombait, avec Elena on est rentrées à la maison. Je roulais doucement et je lui ai souri en la regardant dans le rétroviseur. Bon Dieu pourquoi cette enfant ne parle pas ? À cette heure-là l'air était rouge, vraiment rouge. Je me demandais à quoi ressemblait cette ville à l'époque où Ann Callaghan s'y promenait habillée comme une clocharde de l'ancien temps, selon l'expression de Francesca Damato. J'aurais eu envie de pouvoir lui dire combien j'adore sa maison.

En attendant je dois me concentrer sur mon job. La prochaine édition du festival approche, il ne reste que quelques jours pour tout boucler avant le vernissage et le stress grandit.

L'événement cette année sera une nouvelle installation de Beetsy Najinpanga.

## *Ann*

Cette excursion sur les Hills avec Lilian et Chuck est sans doute l'un des derniers moments heureux de ma vie. Je revois la beauté vénéneuse de Lilian, la couleur vieux rose de sa robe, j'entends le bavardage de Chuck et j'ai toujours, si vif dans ma mémoire, le regard de Justin lorsqu'il posait les yeux sur moi. Nous étions restés tout l'après-midi sur le belvédère et je contemplais mon jardin au loin en l'imaginant étendu de plusieurs hectares – telle était mon ambition.

Quelque temps plus tard Chuck et Lilian ont disparu sans prévenir, sans explication, en laissant un étrange souvenir derrière eux.

Un matin notre petite ville s'est réveillée comme à l'accoutumée. Rien ne semblait différent mais eux n'étaient plus là. De toute évidence ils s'étaient enfuis durant la nuit, nul ne savait où.

L'alerte a été donnée par leurs employées, les petites couturières. Comme tous les jours elles s'étaient rassemblées devant l'atelier et se sont inquiétées de trouver porte close. Il fallait prendre une décision et personne n'osait agir, alors quelqu'un est allé chercher Justin à la mine, car son amitié pour Chuck était connue. Il s'est rendu sur place en compagnie du juge de paix. L'atelier était claquemuré, tout comme le logement que Chuck et Lilian occupaient au premier étage, et Justin m'a raconté par la suite combien il avait eu peur, vraiment peur de découvrir leurs corps sans vie à l'intérieur. Il a ordonné de défoncer la porte, ce qui a été fait dans l'instant car Dieu seul sait pourquoi les êtres humains depuis la nuit des temps sont attirés par l'horreur et le sang frais. Ainsi a-t-on vu les hommes réunis là se précipiter dans ces lieux où personne, pas même Justin ou moi, n'avait jamais mis les pieds.

L'appartement était désert et de toute évidence vidé des affaires les plus importantes de Chuck et Lilian. Plus tard Justin abasourdi me raconterait sa stupeur quand il l'avait visité, pièce après pièce. Il m'a alors confié son embarras, cette sensation d'être indiscret qui ne le quittait pas, et son désespoir aussi, le mot n'est sans doute pas trop fort, son désespoir lorsqu'il a dû se rendre à l'évidence : Chuck et Lilian avaient disparu de notre vie.

Le soir Justin et moi nous sommes retrouvés sous la galerie derrière la maison. Il me racontait l'événement dont j'avais eu vent quelques heures plus tôt grâce à notre petite blanchisseuse italienne. Elle était venue me livrer du linge et m'avait sans façon, dans son anglais presque incompréhensible, raconté ce qui intriguait tout Salinasburg depuis le matin. Assommés, nous nous sommes interrogés sans fin sur les raisons de ce départ, puis nous avons tenté de nous rassurer : un jour, Chuck et Lilian nous écriraient, car nous étions leurs meilleurs amis, et il nous semblait impossible de disparaître ainsi, impossible.

Mais nous n'avons jamais reçu de nouvelles de Chuck et Lilian.

Au fond, cette singulière journée a marqué le début d'une longue suite de malheurs. Ils se sont enchaînés jusqu'à la mort de Justin, mon bel amour qui s'en est allé, et alors plus rien ne m'importait.

Dans un premier temps la fuite de Chuck et Lilian a provoqué d'insurmontables tracas, encore aujourd'hui j'en ai le cœur brisé. Car tous deux avaient laissé des dettes importantes derrière eux, et je m'y suis trouvée mêlée.

Le propriétaire de l'appartement et de l'atelier qu'ils louaient en ville est venu me voir. Il a été le premier, d'autres ont suivi. Je connaissais de vue cet homme replet et sûr de lui qui a surgi un jour dans le jardin. Bee était allée l'accueillir au portail et lui avait demandé d'attendre dehors, imaginant avec raison que j'apprécierais peu de le trouver dans notre salon. Aussi il était là avec son papier à la main, un papier qu'il a dressé devant mes yeux lorsque je me suis approchée. « Vous savez lire, m'a-t-il dit. Faudrait voir à me payer maintenant », le tout annoncé avec cet horrible accent qu'avaient encore la plupart de ces satanés Irlandais à l'époque, ce raclement rustre insupportable. J'ai regardé ce qu'il me montrait. La signature était la mienne, il n'y avait aucun doute, mais je ne comprenais rien car je n'avais jamais vu ce papier de ma vie, j'en étais certaine. Je le lui ai dit, il a éclaté de rire puis tournant les talons m'a conseillé de réunir l'argent, oui oui j'avais bien lu, riait-il en agitant son papier, réunir l'argent puisque je m'étais portée garante, et le lendemain il reviendrait. « Oh pour vous les Callaghan une somme pareille ne doit pas être énorme. » Il est sorti du jardin, a grimpé dans sa charrette et a disparu.

J'en ai été malade toute la journée. Pourquoi ma signature figurait-elle sur un document que je n'avais jamais eu en main ? Et j'ai dû me rendre à l'évidence : Chuck, ou Lilian, l'un des deux l'avait imitée.

Le soir il m'a fallu raconter l'affaire à Justin.

Je nous revois, assis ensemble sous la galerie. Je pleure, cet épouvantable propriétaire va revenir sans doute, et je raconte le papier où ma signature apparaît. Justin semble désorienté, il réfléchit et se tait. Le lendemain, tout a été mis en œuvre pour enterrer cette lamentable histoire. Justin a télégraphié un message à Darwin et demandé à l'avocat de son père de venir dans les plus brefs délais pour rencontrer le propriétaire. Cet homme répétait partout en ville que nous lui devions de l'argent, trop heureux de tenir ainsi sa revanche sur les Callaghan, cette famille d'Irlandais plus riche que la sienne. C'était mesquin mais redoutable, nous devions éteindre l'incendie au plus vite. Justin a porté plainte, l'avocat a intimidé le propriétaire par je ne sais quel moyen et ne veux pas le savoir. Puis nous avons dû affronter d'autres créanciers possédant d'autres documents prétendument signés de ma main. Non sans mal, nous avons réussi à nous débarrasser de ces malotrus. J'étais furieuse, et surtout anéantie. Non pas d'avoir dû endurer l'opprobre et les tracas judiciaires, et peu m'importaient les commissions versées à l'avocat. Je me fichais de la colère froide du père de Justin qui m'accusait de toutes sortes de choses insensées, insinuant qu'en bonne écervelée j'avais peut-être réellement signé ces papiers – « Ah, si tu ne l'avais pas épousée. » Et dans notre malheur nous avions de la chance car Harriet Callaghan était morte quelque temps auparavant, ainsi nous avons évité la méchanceté perfide dont elle aurait sans doute fait preuve. Mais autre chose me désespérait. Je m'apercevais ce jour-là que les seuls amis de ma vie d'adulte, les seules personnes de Salinasburg à qui j'avais accordé ma confiance et ouvert ma porte sans retenue, Chuck et Lilian se révélaient être de vulgaires escrocs.

Je me souviens, je me lamente, puis je me promène dans le jardin. Cet après-midi j'ai aussi fait un tour dans la maison. La jeune femme rentre tard en ce moment. Sans doute son travail peut-il la distraire des soucis qu'elle semble avoir avec sa fille, peut-être au contraire lui apporte-t-il des tracas supplémentaires. Je n'ai pas encore deviné son métier mais à regarder sa bibliothèque je suppose qu'elle s'occupe d'art. Le soir je l'observe, elle peut passer des heures à lire et alors je me revois moi-même, il y a tant d'années, lorsqu'il m'arrivait de rester la moitié de la nuit penchée sur mes traités d'agronomie, noircissant mes carnets de bord où je tenais la chronique de mes plantations. Aujourd'hui mes chers cahiers sont toujours là. Je les ai cachés sous le plancher de l'atelier au fond du jardin et personne ne les a encore découverts. Jusqu'à maintenant j'ai fait fuir tous ceux qui osaient s'aventurer à s'installer ici. C'était très simple, il me suffisait d'apparaître et ils organisaient dans l'heure leur déménagement. Je n'aimais pas voir des étrangers dans ma maison. Mais cette jeune femme, son compagnon et leur adorable petite fille silencieuse, je voudrais les garder près de moi. Aussi je veille lorsqu'elle travaille dans la pièce dont j'avais moi-même fait mon bureau. Ma vie aurait-elle été différente si je m'étais occupée d'art plutôt que d'agriculture ? Je ne crois pas. Ma vie était vouée à faire naufrage, j'en suis certaine, j'étais venue sur terre pour tout rater, par stupidité, arrogance ou aveuglement, et mes regrets aujourd'hui s'accumulent tant que je ne peux les compter.

## *Valérie*

Hier j'ai reçu des manguiers que j'avais commandés, il va falloir trouver un moment samedi avec Elena pour les planter. Entre nos soucis avec elle, les rendez-vous chez le psy et le jardin qui me remplit mes week-ends je ne m'en sors plus. Pourtant je dois me reconcentrer sur mon boulot. J'ai eu tendance à m'éparpiller et ça m'énerve, d'habitude je suis mieux organisée. Dans l'équipe ils ressentent mes faiblesses, je le vois et du coup je m'énerve encore plus. Aussi l'heure est à la remobilisation d'autant que l'enjeu est énorme, avec l'installation de Najinpanga. Je l'ai dit à tout le monde : cette fille représente une sorte d'avenir artistique du Territoire du Nord, elle me semble pouvoir lancer un mouvement, une école, je n'en sais rien mais j'en suis persuadée, même si à Sydney ou Canberra ils ne s'en sont pas encore aperçus. Comme je tenais à la mettre en valeur, j'ai proposé de lui accorder la grande salle au fond du Centre d'art, en lui commandant carrément une pièce monumentale. Puisqu'elle va mieux il faut la pousser un peu. On a beaucoup réfléchi et discuté. Mon envie de la transformer en star du festival ne fait pas l'unanimité dans l'équipe. On me l'a dit : je prends un risque en donnant une salle aussi stratégique à quelqu'un d'inconnu hors de la région, même pas représenté par une vraie galerie. J'ai argumenté. Dans le Territoire du Nord, on doit défier les lois du marché de l'art. Moi aussi quand je veux je peux être théorique. Ma colère a fait taire tout le monde, mais je ne les ai pas convaincus.

Je suis allée la voir avec Mark pour lui en parler. On s'est assis dans sa véranda et elle a sorti des bières du frigo, un rituel chez Beetsy. Je lui ai exposé mon projet : on te donne la grande salle du fond à condition que tu crées une œuvre monumentale. Je ne sais pas si elle mesurait ce que ça signifiait. Elle a d'abord regardé dehors, sans répondre. À travers les moustiquaires on pouvait voir le désert infini. Puis elle s'est tournée vers moi avec un sourire heureux et elle a dit : « OK, je le ferai. »

Elle va casser la baraque, j'en suis sûre. Mais ce jour-là j'ai bien vu ses mains trembler autour de sa canette de bière.

J'ai beaucoup réfléchi à la façon d'exposer les autres artistes autour de la salle de Najinpanga, pour que les visiteurs découvrent des œuvres qui entrent en résonance avec son univers. Il y aura une installation de Li Wang, je l'adore. Depuis des années il travaille sur la mémoire de Pékin, sa ville, avec beaucoup de précautions pour échapper aux foudres des autorités. On montrera une pièce monumentale qu'il a exposée une seule fois, l'hiver dernier à Londres. Elle est fantastique.

L'autre soir je racontais tout ça à Frédéric. On dînait dehors, sous la galerie, il faisait encore chaud. À chaque retour de la saison sèche on se dit que cette fois-ci on ne va pas la supporter, cette température de dingue, pourtant on traverse la saison sans trop s'en apercevoir et ce sera sans doute pareil cette année. J'avais couché Elena, elle était épuisée.

« Tu travailles trop », m'a dit Frédéric.

C'est vrai, je le sais. Je me lève à cinq heures du matin pour lire l'article du *Monde* à propos de la dernière expo du Centre Pompidou, tard le soir je suis encore sur le pont et je cours toute la journée. Je n'ai jamais vécu autrement mais le rythme s'accélère. Tout ça pour un festival de province qui n'intéresse personne à part les gens du coin et quelques touristes. Avec les autorités régionales aussi c'est compliqué. Tout le monde me félicite pour les chiffres de fréquentation, mais dans la tête de beaucoup d'élus c'est de l'événementiel, point barre. Ils ne comprennent pas pourquoi je veux absolument construire le rendez-vous d'art contemporain le plus incontournable de tout l'hémisphère Sud. Cela dit j'en suis loin.

Je travaille trop mais la réflexion de Frédéric m'a énervée. Qu'est-ce qu'il veut dire ? Je ne m'occupe pas assez d'Elena ? Ça m'étonnerait, d'ailleurs il est aussi débordé que moi. À mon avis il s'inquiète, comme toujours. Il se demande si je ne me dépense pas en pure perte dans toutes ces histoires.

On est allés voir le psy il y a quelques jours et il m'a l'air aussi égaré que moi. Personne ne peut dire pourquoi Elena ne parle pas. Ça m'énerve. Je ne sais pas comment gérer, d'autres mères s'en sortiraient mieux. Évidemment le psy m'a demandé si j'avais déjà emmené ma fille à Marseille. Une question de psy. Bien sûr que non, d'ailleurs je n'y vais jamais. Cela dit le psy a peut-être raison, je pourrais songer à y retourner, une fois. J'essaie d'imaginer, aller avec Elena dans ce quartier tout au nord de la ville. Lui montrer les containers entassés dans les terrains vagues, les cargos au large. On se promènerait sur la digue, on irait s'asseoir au bord de l'eau. Je lui achèterais des beignets à la farine de pois chiche comme ils en mangent là-bas.

Mais je ne l'emmènerai pas chez mes parents.

C'est compliqué, je fais ce que je peux, Frédéric non plus n'est pas parfait, même s'il est irréprochable, même s'il ne s'énerve jamais. Et puis Elena me sourit alors je me dis qu'un jour elle parlera. C'est certain.

Pour Frédéric et moi, Elena est la première énigme de nos vies. Jusqu'à sa naissance tout s'est enchaîné tambour battant. On s'est jetés dans nos études, on a changé de pays, on a travaillé travaillé travaillé pour ne pas nous retrouver dans l'obligation de rentrer en France. Tout s'est précipité sans que rien nous ralentisse et Elena est venue au monde pour nous faire comprendre, à sa manière, qu'il est peut-être temps de poser les valises.

Le psy me l'a demandé : « Et sans votre fille, vous feriez quoi ? » Rien. Je travaillerais encore plus, c'est tout.

En tout cas, avec la date du festival qui approche, ce n'est pas le moment de rentrer à Marseille. Beetsy a commencé à construire son œuvre monumentale et je ne sais absolument pas ce que c'est. Elle a mis une condition à sa venue au festival : elle crée son installation in situ et personne n'est autorisé à la regarder travailler. On a accepté, Mark et moi, sinon il faut renoncer à sa présence et j'y tiens trop. Alors l'autre jour elle a débarqué devant le Centre d'art dans son pick-up, suivie de deux camionnettes déglinguées conduites par des malabars au teint rougeaud. Malgré tout mon amour pour le Territoire du Nord, je dois reconnaître que les mecs comme ça je ne peux pas les encadrer. Le genre de types qu'on croise si on s'enfonce dans l'outback, ou les jours fériés quand ils viennent traîner en ville. Des mecs bâtis comme des armoires, avec des chapeaux de cow-boys (je le jure). Des saisonniers qui trouvent à se faire employer dans les élevages de moutons ? Je ne sais pas. On dirait que le monde les a oubliés là, en plein désert. À Salinasburg ils se rassemblent dans des bars glauques où les prostituées font le pied de grue, mais on en voit aussi déambuler dans les rues, occupés à reluquer les filles. Le reste du temps j'imagine qu'ils bossent comme des brutes. D'où ils sortent, tous ces hommes ? Le pays en produit à l'infini sans se soucier d'eux. Bref des lourdauds, et quand je les ai vus je me suis dit avec fatalisme évidemment Beetsy est pote avec des mecs pareils, ça ne m'étonne pas. Ce doit être des habitués de la station-service où elle travaille. Je l'imagine les alpaguer un jour de sa voix rauque : « Eh les mecs j'aurais besoin d'un coup de main », et les autres rustiques émoustillés par le pack de bières qu'elle avait dû leur promettre contre leurs bons services. Leurs camionnettes étaient chargées à ras bord de toutes sortes de vieilleries. L'un jovial, genre toujours le bon mot, et l'autre plus jeune, méfiant ou simplement timide. Mark les a salués avec un brin de froideur, je me suis efforcée de me montrer cordiale, par principe et par respect pour Beetsy, après tout c'était ses copains. Je me suis demandé ce que ces types pouvaient comprendre de son travail artistique et j'ai dû cacher ma confusion quand le mec jovial m'a dit, en désignant Beetsy du menton : c'est génial ce qu'elle fait, hein ?

Le jeune homme taciturne surveillait ma réaction, et j'ai pensé que si je ne me montrais pas assez enthousiaste il m'en collerait volontiers une.

Ils ont commencé à décharger leur barda. De vieux meubles, des planches, des sacs de sable, de la brocante. Nous, on ne pouvait pas approcher, Beetsy s'est montrée intraitable. On découvrira son travail une fois son installation terminée, pas avant. Alors depuis la baie vitrée de mon bureau je les ai vus aller et venir entre le parking et le Centre d'art avec leur déménagement dans les bras, ensuite ils ont bu une bière sur l'esplanade, comme j'avais imaginé. Puis les deux mecs sont partis avec leurs camionnettes d'un autre âge et Beetsy s'est isolée pendant trois jours au fond du bâtiment, dans la salle d'exposition fermée d'un panneau. J'ai respecté sa volonté, je me suis interdit d'aller voir ce qu'elle fabriquait, même si j'étais vexée. J'ai boudé tout le temps dans mon coin et je me suis engueulée avec l'ensemble de l'équipe.

Ce soir, quand j'ai récupéré Elena, on est passées au supermarché puis on est rentrées à la maison et pendant que je déchargeais la voiture le chat des voisins est arrivé. Jusqu'à la fin de mes jours je garderai en tête ces moments de ma vie quotidienne, ils n'ont aucun sens pour l'instant mais prendront une valeur inestimable plus tard, j'en suis sûre. Elena dans son jogging jaune qui se penche sur le chat et de sa main minuscule lui caresse délicatement la tête comme si c'était un objet très fragile. Et alors le chat s'immobilise, dresse le museau sous les petits doigts d'Elena et ferme les yeux. Un jour je serai vieille, assise sous la galerie de bois derrière la maison en train de regarder le jardin sans rien faire. Alors je pourrai enfin examiner toutes ces choses qui défilent trop vite aujourd'hui. Et j'aurai devant les yeux ma petite Elena en jogging jaune.

Les techniciens ont terminé le montage de l'installation de Li Wang, l'autre grand événement du festival. On lui a accordé la totalité de l'aile ouest du Centre d'art, face à la grande salle consacrée à Beetsy. Li Wang a plus ou moins reconstitué des pans de murs. Il y a quelques années c'étaient des façades de maisons traditionnelles, elles formaient tout un quartier du vieux Pékin, aujourd'hui démoli à cause de je ne sais pas quel programme immobilier. Li Wang a récupéré les décombres, une montagne de gravats, et les a utilisés pour construire une sorte de labyrinthe où le visiteur est invité à se perdre. Dans les coins, de minuscules haut-parleurs invisibles diffusent en sourdine des extraits de conversations enregistrées au moment de l'expropriation des habitants, quand ils préparaient leur déménagement. Ils quittaient leur quartier, celui de leur enfance, et seraient relogés dans une cité nouvelle en banlieue, à des kilomètres de là. Li Wang a patiemment questionné et écouté ces gens. Ils parlent de leur relation à ce lieu, racontent des anecdotes, l'un d'eux se souvient que son grand-père était né là. L'installation étant destinée à un public international, la traduction anglaise de leurs propos est projetée contre les pans de muraille sous forme de phrases lumineuses. C'est très émouvant, et ça a coûté une fortune.

## *Ann*

De petits manguiers sont alignés depuis hier contre la barrière, je me demande où la jeune femme décidera de les planter. J'espère qu'ils ne vont pas mourir, elle se donne beaucoup de mal. Toutefois pas autant que moi quand j'y croyais encore.

Car je continuais à passer mes journées dans mon jardin, insouciante, mais malgré mes soins il n'était pas aussi beau que je l'aurais souhaité. Les finger limes en particulier supportaient mal la sécheresse de Salinasburg. Faute de mieux, j'avais quelques marottes dont Li-Peng souriait. Je me revois par exemple, il y a tant d'années, en train d'essuyer la poussière rouge qui se déposait sur les feuilles vernissées de mes beaux citronniers de Sicile. Ce sable que nous apporte le vent du désert recouvre tout, c'est une malédiction. J'ai beaucoup lutté pour le combattre, sans succès. Je me demande même comment j'ai pu imaginer parvenir à être plus forte que lui. Aujourd'hui, j'entends encore le bruit régulier de la pompe et les grincements de l'éolienne qui tournait au-dessus de nos têtes. Li-Peng à mes côtés s'affairait sans un mot et j'aurais voulu que cette vie dure toujours, si seulement mes plantations avaient pu prospérer.

Je ne me suis pas aperçue que rien ne se passait comme je le voulais, ou si je m'en rendais compte je préférais détourner les yeux. Je sortais un chiffon que je gardais toujours dans la poche de mon tablier et j'essuyais les feuilles de mes citronniers, comme on sèche une larme sur la joue d'un enfant en le tenant par le menton. Je préférais me concentrer sur le travail quotidien en me racontant qu'un jour tout irait mieux, le jardin serait magnifique et chacun viendrait l'admirer.

Je me souviens en revanche, ô combien je me souviens du jour où l'on est venu m'annoncer la mort de Justin. Il faisait une chaleur épouvantable, comme seule cette partie de l'Australie peut en connaître. J'étais dans le jardin bien entendu, en train de m'éponger le front en comptant mes avocatiers, car je m'étais lancée dans la culture d'avocats, je ne sais même plus pourquoi j'avais eu cette idée, et je n'ai d'abord pas vu ces hommes qui franchissaient le portail. Ils étaient cinq, cinq funestes messagers, et c'est dans l'œil inquiet de Li-Peng que je les ai devinés, mon bon Li-Peng qui près de moi s'était redressé et regardait par-dessus son épaule d'un air effrayé, là avant même de me retourner et de les voir j'ai eu la sensation d'un désastre.

Ils se sont approchés et soudain je les ai reconnus. Le comptable des Callaghan, deux employés de la mine, le prêtre de l'église irlandaise, le juge de paix. Je me suis demandé ce que faisaient là, dans mon jardin, ces hommes vêtus de noir, et lorsque embarrassés ils ont fini par prendre la parole je n'ai pas entendu ce qu'ils m'ont dit. Je me souviens seulement m'être effondrée sur le sol et ensuite Li-Peng m'a relevée et m'a presque portée à l'intérieur de la maison en me tenant par les coudes. Bee est venue à notre rencontre en pleurant et nous a aidés à rejoindre la galerie. Alors à ce moment-là je n'ai même plus voulu les regarder.

Ce matin je suis allée m'asseoir derrière la maison. Ils sont partis travailler en emmenant leur petite fille avec eux, j'ignore ce qu'ils en font durant la journée. Alors j'en ai profité pour m'installer là quelques heures. Quelle splendeur. Malgré le temps écoulé le paysage n'a pas changé, pas le moins du monde. Même si la ville s'est agrandie, même si le quartier d'Hamilton Creek s'est peuplé, le désert s'ouvre toujours derrière le jardin, au-delà de la barrière. Le vent a soufflé ces derniers jours et tout est recouvert de poussière rouge, la jeune femme devrait arroser. Elle est tout de même parvenue à redonner un peu de vie à mon beau citronnier de Sicile, le seul à avoir survécu parmi les quelques pieds que j'avais fait venir d'Europe. Peut-être donnera-t-il à nouveau des fruits, je l'espère.

Ma nostalgie est ridicule, je le sais bien. En vérité, il me faut aujourd'hui admettre une chose absurdement simple : je n'y suis pas arrivée.

Le jardin s'est embrouillé sous mes yeux, embrouillé voilà je ne trouve pas d'autre mot. Certains arbres ne donnaient rien, d'autres séchaient sur pied, mon système d'irrigation a très vite atteint ses limites, et jour après jour je retrouvais cette terre rouge qui recouvrait tout. Elle a fini par avoir raison de moi. Tantôt un vent terrible soufflait du désert et nous étouffait de cette poussière épouvantable, tantôt un orage noyait mes plates-bandes sous une boue qui semblait surgir des enfers. Justin me conjurait de ne pas me décourager, Li-Peng ne disait mot mais regardait parfois le désastre d'un air désolé que je détestais. J'avais l'impression qu'en silence il faisait le compte de mes choix aberrants, oui je peux le dire, de mes choix aberrants et de mes erreurs.

Et moi si arrogante je pensais mon enthousiasme capable de forcer le destin, car j'avais été élevée dans cette idéologie stupide selon laquelle l'ardeur au travail est toujours récompensée. Mais peut-être ai-je tort de rendre mon éducation responsable de mes échecs et devrais-je plutôt désigner mon aveuglement et ma naïveté. Ou ma malchance, si je veux être indulgente envers moi-même, car il est vrai que les malheurs se sont accumulés sur mes épaules. Peut-être chercherais-je à l'infini des raisons cachées à tout cela, en vérité le Seigneur nous conduit où il veut en se jouant de nos ambitions. Je ne sais toujours pas ce que je Lui avais fait pour qu'Il se montre si impitoyable à mon égard. Un jour, je me souviens, le prêtre de l'église irlandaise a suggéré que par les épreuves amoncelées sur mon chemin, le Tout-Puissant voulait m'avertir : je n'aurais pas dû désirer une autre existence que celle pour laquelle j'étais née.

C'était peu de temps après la mort de Justin, le curé s'était présenté au portail sans prévenir et profitant de mon égarement et mon chagrin il avait réussi à s'inviter dans ma maison. Je vois encore son teint rougeaud, sa soutane élimée et j'ai toujours dans l'oreille son accent épouvantable d'Irlandais mal éduqué, j'aurais pu me douter qu'il ne me serait d'aucun secours. Ce prêtre de malheur s'était mis à dérouler ses fadaises, selon lui je devais maintenant expier pour mes pêchés. Sans nul doute le Seigneur par Ses châtiments m'envoyait un message, car je n'aurais pas dû suivre la voie que je m'étais choisie, oui voilà c'est cela, probablement m'en voulait-Il d'être sortie du quartier de Sydney où Il m'avait fait naître et d'avoir épousé Justin. J'aurais dû obéir à mes parents comme le Seigneur toujours nous le recommande, mais il n'était pourtant pas trop tard, me répétait le prêtre de sa voix doucereuse, il n'était pas trop tard pour implorer le pardon du Très-Haut.

Je suis entrée dans une fureur noire, rendue effroyable par la douleur qui m'écrasait. La vieille colère qui m'avait conduite à fuir mes parents était toujours intacte, elle surgissait soudain et je la reconnaissais. Aussi je n'ai pas tenté d'endiguer ce déferlement de cris et d'injures sortis à cet instant de ma bouche car j'ai crié, oui j'ai crié. Je me suis dressée et j'ai mis le curé à la porte, lui hurlant que si le Seigneur avait voulu cela, alors moi je me détournais de Lui pour toujours et je refusais qu'Il pose désormais les yeux sur moi. Le prêtre s'enfuyait soutane au vent et j'ai crié dans son dos que je préférais demeurer pour l'éternité assise sous la galerie à regarder mon jardin desséché. Il s'éloignait dans la poussière du chemin et je hurlais encore, je hurlais que mon destin avait été de vivre ici, à Salinasburg, et pas un seul jour je n'avais regretté d'avoir tourné le dos à cet épouvantable milieu dans lequel j'étais née, pas un seul jour, je pouvais le jurer devant Dieu en personne.

Je disais vrai. Malgré les malheurs dont le sort m'a accablée, pas un seul jour je n'ai regretté l'existence que j'aurais eue à Sydney, pas un seul jour.

Et, même après tout ce temps, je sais que je n'aurais pu épouser un autre que Justin.

## *Valérie*

J'ai quand même pris un peu de temps pour retourner rapido chez Francesca Damato. Elle m'a servi un café et sorti d'une boîte en métal des biscuits faits maison comme je n'en avais pas vu depuis au moins vingt ans. Je lui ai demandé de me parler de la dame qui a vécu chez moi. Elle se rappelait surtout en avoir eu peur, quand elle était petite, de cette espèce de folle. C'est étrange. Je l'ai aussi questionnée sur mon jardin. Pourquoi est-ce qu'il y pousse des plantes introuvables ailleurs ? Le jour de notre rencontre chez le notaire, Georges Callaghan avait décrit cette femme comme « une dingue de l'horticulture ». Francesca Damato a réfléchi : « Vous ne pouvez pas savoir à quoi ressemblait Salinasburg à cette époque-là. » Puis elle a secoué la tête. « Elle avait noyé sa fortune et le peu qu'il restait de celle des Callaghan dans ce jardin, voilà ce qu'on racontait. Et du coup bien sûr avec la mort de son mari, juste après l'accident à la mine, quand une galerie s'est effondrée, on a dû lui en vouloir. »

Comment ça ?

Francesca Damato a hésité. « C'est si loin, je ne sais plus. Ma mère m'a dit un jour, en tout cas je crois, qu'ils l'ont trouvé dans son bureau. Il s'était tiré une balle dans la tête. »

Je la regardais sans rien dire.

Après un moment elle a ajouté : « Vous savez, votre maison, dans le temps on disait qu'elle était hantée. Après la mort d'Ann Callaghan, plusieurs personnes ont juré avoir vu de leurs yeux son fantôme rôder dans le jardin. Et l'éolienne, n'importe qui aurait pu vous le raconter, certains jours elle se mettait à tourner toute seule, même quand il n'y avait pas de vent. Moi, ce que j'en dis… Ce genre de choses a toujours agacé ma fille, d'après elle on aurait été influencés par une vieille légende aborigène. Ensuite, les autorités municipales ont fait abattre l'éolienne parce qu'elle menaçait de s'écrouler sur la nouvelle route, et voilà. »

Depuis je n'arrête pas de penser à cette Ann Callaghan. Peut-être que Francesca Damato perd un peu la tête, je ne sais pas. Mais devant les yeux j'ai toujours la même image : une femme d'autrefois marche entre les arbres de mon jardin. Elle ne dit rien et d'ici je peux voir qu'elle pleure.

## *Ann*

Elle est encore plus soucieuse que d'habitude. La voir ainsi me rappelle la détresse qui m'a submergée lorsque les difficultés ont commencé à s'accumuler. Les circonstances étaient devenues si compliquées, je tentais de faire face comme je le pouvais. Entre autres choses, faire face signifiait tenir mon carnet de bord, noter au quotidien l'évolution du jardin, les variations de lumière et de température. Mes chers cahiers étaient toujours soigneusement alignés sur leur étagère – qu'est-ce que je m'imaginais ?

De temps en temps je les consultais. Au début j'essayais de déceler un indice, un progrès, je ne sais pas. Plus tard je tentais au contraire de découvrir le moment où les choses avaient commencé à s'effilocher mais je ne suis jamais parvenue à le trouver. Il n'y avait rien dans ces cahiers, rien que le déroulement absurde des jours, absurde et sans fin, ce quotidien routinier que je m'étais construit. Les saisons succédaient aux saisons, toutes identiques, et je sortais de moins en moins de mon jardin, édifiant une haie de branchages pour m'isoler du monde et rien jamais ne devait venir la briser, du moins je l'espérais. J'accumulais les projets, les idées, les tentatives, et je m'enfermais dans un périmètre dont j'avais moi-même fixé les limites.

Les dernières années de ma vie ont été atroces. Je ne parvenais même plus à me vêtir correctement, j'étais contrainte d'aller en ville par mes propres moyens car l'épicier refusait de me livrer et chacune de mes sorties me semblait être un calvaire. Tout le monde me considérait comme une miséreuse et les enfants se moquaient de moi si d'aventure j'en croisais dans les rues de Salinasburg. Mais à l'époque je pouvais encore passer des heures à lire et relire mes cahiers. J'en prenais quelques-uns au hasard sur l'étagère de mon bureau et j'allais m'asseoir sous la galerie. Je m'installais et les feuilletais l'un après l'autre. Sous mes yeux se déroulait ce qu'avait été ma vie. Une tache de thé sur une page, ce jour-là j'écrivais sur un coin de la table du petit déjeuner et Justin me l'avait reproché. Ici une phrase laissée en suspens et jamais terminée car, je m'en souvenais, je travaillais dans mon bureau quand Li-Peng était venu me questionner à propos des vignes que j'avais tenu à planter. Je l'avais suivi au jardin après avoir posé mon porte-plume dans l'encrier. Nous avions contemplé ce qui allait très vite devenir un désastre. Les quelques ceps semblaient atteints d'une maladie, je ne savais quoi et ne l'ai jamais su, et en effet je ne donnais pas cher de leur survie.

Ainsi j'ai passé des après-midi entiers et parfois des nuits à lire mon carnet de bord, puis ma vue a baissé et même ce plaisir m'a été enlevé. Un jour, j'ai senti qu'il ne me restait plus beaucoup de temps à vivre, et je ne m'étais pas trompée. Alors j'ai caché tous mes chers cahiers dans l'atelier où Li-Peng rangeait et réparait les outils, au fond du jardin. Je ne voulais pas qu'ils soient éparpillés loin d'ici. Je les ai dissimulés sous le plancher de l'atelier en soulevant une ou deux lattes que j'ai replacées ensuite comme j'ai pu, cela m'a pris un temps infini mais je n'avais rien d'autre à faire. On ne voit rien, ce plancher est si vieux de toutes les façons et personne ne s'est jamais douté que des cahiers reposent là. Ils contiennent ma vie.

Aujourd'hui, j'aimerais que la jeune femme les découvre.

## *Valérie*

Et le moment tant attendu est arrivé. Beetsy a tenu parole, hier en fin d'après-midi elle est apparue dans mon bureau et m'a proposé de venir voir son installation. Elle avait peur, je l'ai tout de suite deviné. Classique : les grands artistes doutent toute leur vie. Bref, Beetsy essayait de sourire mais elle tremblait. Depuis trois jours elle travaillait presque sans s'arrêter. De temps en temps elle s'autorisait une pause cigarette sur l'esplanade devant le Centre d'art. Une ou deux fois j'étais allée la rejoindre, un café à la main, et on avait un peu parlé. Beetsy ne disait rien de ce qu'elle préparait, à la fin je ne la questionnais même plus. Mais là c'était fini et j'ai pu aller regarder ce que les visiteurs découvriront au vernissage. Je croisais les doigts. J'avais tellement insisté pour mettre le travail de Beetsy au centre du festival. J'allais m'en prendre plein la figure si elle n'était pas à la hauteur.

Je suis entrée dans la grande salle où elle se cachait depuis trois jours et tout de suite j'ai su : ce que j'avais sous les yeux serait l'installation phare de cette année.

Beetsy avait recréé l'intérieur d'une maison de pionniers, de celles qui devaient se trouver dans la région avant même la fondation officielle de la ville, quand tout se résumait à un point d'eau et un croisement de pistes où les chercheurs d'or étaient venus s'échouer. Dans l'installation de Beetsy des poutres disposées par terre représentaient les murs et les cloisons. Pour le reste, c'était l'ameublement typique des fermes de l'époque : table, lit, armoire, buffet, bancs, coffres de bois, outils. Des bocaux alignés dans la crédence, de la vaisselle en terre cuite sur la table. Il y avait même une veste négligemment accrochée au dossier d'une chaise. La parfaite reconstitution d'un foyer paysan, rien à dire, Beetsy devait y réfléchir depuis des semaines, elle avait sans doute ratissé toute la région à bord de son pick-up pour dénicher ces vieilleries. Mais ce n'était pas ça le plus important.

Si dans l'instant mes yeux se sont remplis de larmes c'est parce que tout, sol, meubles et objets, absolument tout était recouvert d'une couche de sable rouge. Avec, ici et là, comme déposés par hasard, ces minuscules débris du désert que Beetsy adore collectionner, morceaux de bois, brindilles, fleurs sèches, squelettes de petits rongeurs, fragments impossibles à identifier.

J'ai du mal à décrire la sensation qui m'a attrapée devant cet intérieur pauvre et pourtant meublé dans une poignante volonté de normalité, cet intérieur vide d'êtres humains et désormais enseveli par le temps. Une étrange mélancolie silencieuse s'élevait de l'ensemble, j'étais debout les bras ballants et je ne trouvais rien à dire. Beetsy je me souviens attendait ma réaction, et quand je l'ai regardée elle a eu un beau sourire triomphant.

## *Ann*

Ce matin, après leur départ, je suis allée dans l'atelier et j'ai brisé quelques lattes du plancher. Pas de façon fracassante, bien sûr. Même s'il n'y a jamais personne dans ce quartier durant la journée, j'avais peur d'être entendue depuis l'extérieur. J'ai juste déboîté une planche et puis une autre. Je les ai fait bouger, j'ai tapé dessus. Elles étaient vermoulues et s'effritaient. C'était assez facile, disons que j'ai juste un peu forcé le destin. Désormais, on s'en aperçoit tout de suite en entrant dans l'atelier, le sol semble s'être effondré sous le poids des vieilleries qui sont entreposées – un canapé bon pour la décharge, des caisses. On pourrait aussi imaginer qu'un animal du désert est venu gratter là, comme ils peuvent le faire lorsqu'ils se mettent en tête de creuser un terrier, parfois dans les endroits les plus improbables. En tout cas, maintenant il y a du jour dans le plancher et il est possible d'apercevoir, coincés entre les lambourdes, mes chers cahiers.

Je ne les ai pas sortis, je ne les ai pas relus. Plus rien ne m'importe aujourd'hui. Je me suis contentée de les regarder, longtemps.

Il y a quelques jours, j'ai entendu la jeune femme parler au téléphone. Si j'ai bien compris, ce soir elle doit assister à un événement important, c'est lié à son travail. Demain nous serons samedi, je pense qu'ils resteront ici et profiteront du jardin avec leur adorable petite fille. Il faudra saisir le bon moment. Je vais me débrouiller pour attirer le chat des voisins jusque dans l'atelier. Ce ne sera pas trop difficile, il aime bien venir y fureter. La petite fille certainement le suivra, elle le suit partout. Elle verra le sol brisé et sera la première à découvrir mes cahiers. Elle ira chercher sa mère. Je vois la petite fille montrer du doigt sa découverte, triomphante, un peu comme si elle avait déniché un trésor, et la jeune femme se penchera, intriguée. Je l'imagine soulever une planche, prendre un cahier et le feuilleter. Il lui faudra peu de temps pour comprendre de quoi il s'agit, sur chaque page de garde j'écrivais mon nom et mon prénom, comme à l'école, « Callaghan Ann », suivis de la date. Elle sortira un à un mes précieux carnets de bord et les empilera sous la galerie en attendant de trouver un meilleur endroit. Elle s'installera, se plongera dans leur lecture et j'aime penser qu'elle sera émue.

Je ne sais pas ce que ces cahiers pourront lui apporter. Peut-être beaucoup, peut-être rien. Mais désormais elle saura : j'ai existé et j'ai fait ce que j'ai pu.

## *Valérie*

J'ai tellement attendu ce vernissage. J'en suis revenue à quatre heures ce matin et j'ai eu du mal à m'endormir. Malgré tout je me suis levée tôt pour lire sur Internet les articles des journalistes – enfin, ceux qui ont accepté de se déplacer, parce que « Salinasburg c'est super loin ». Bien entendu je suis déçue. Comme souvent cela dit, mais cette fois-ci j'ai des raisons de l'être.

L'installation de Beetsy Najinpanga n'emballe pas vraiment la critique, et je ne sais pas pourquoi. La presse devait s'attendre à autre chose. Il me semble surtout que la personnalité de Beetsy agace. Pourtant j'ai vu de mes yeux des visiteurs émus comme moi, sans parler des artistes. Plusieurs sont venus la féliciter, en laissant pour une fois de côté leur mauvais esprit. À commencer par Li Wang. Il était arrivé de Pékin entouré de son staff, un peu comme une rock star, très conscient de sa valeur – marchande, je veux dire – mais aussi très pro et sympathique, ouvert, pas snob pour deux sous. J'adore Li Wang, j'étais ravie qu'il accepte de venir. En plus son installation est en parfaite résonance avec celle de Najinpanga. Il s'en est rendu compte et quand il a vu les journalistes tourner seulement autour de lui il est allé la congratuler en public. Il s'est fait photographier avec elle, disant à qui voulait l'entendre combien il aimait son travail – « J'ai trouvé une âme sœur en Australie. » Mais les critiques n'ont vu que lui. Ils ont tous titré sur son nom et n'ont presque rien dit sur Najinpanga. Et les deux œuvres ont été décrites comme si elles étaient détachées du lieu d'exposition, comme si on était dans une galerie à Sydney. Je l'ai dit ce matin à Frédéric : quelle erreur ! On est dans le Territoire du Nord, le cœur violent de l'Australie, selon la poétesse Myriam Watson, un cœur tout aussi grandiose que ravagé. Une région où contre l'Histoire officielle depuis des années les aborigènes s'épuisent à reconstruire leur mémoire, où les descendants d'immigrés essaient de mettre en valeur ce que leurs communautés ont apporté au pays. Ils sont tous obsédés par un passé qui leur a échappé. Montrer ici les travaux de Li Wang et de Beetsy Najinpanga est lourd de sens. Pas pour le gratin de la critique australienne.

Ce matin au petit déjeuner j'étais d'une humeur noire et je me suis disputée avec Frédéric, ce qui n'arrive pas souvent. Il m'a dit : pourquoi te mettre dans cet état ? Fais ton boulot, c'est tout. Il était réussi ton vernissage, il y avait plein de gens, les officiels et les sponsors étaient ravis. Tu n'as rien à te reprocher. Et pourquoi t'énerver sur les critiques ? Ils ne disent que du bien de ce festival. Si tu ne voyais pas tout en noir tu t'en apercevrais. Tout le monde adore ton artiste chinois et personne n'a écrit d'article négatif sur Najinpanga. De quoi tu te plains ?

En effet, vu comme ça.

Je suis sortie sous la galerie avec mon café. Elena s'est levée à peu près aussi tôt que moi ce matin et maintenant elle gambade dans le jardin. J'ai posé ma tasse et je suis allée la rejoindre. Je ne m'étais pas beaucoup occupée d'elle ces derniers jours, j'ai eu envie de rattraper le temps perdu. Je lui ai dit que cet après-midi on installerait sa petite piscine gonflable et elle a sauté de joie. On a commencé à jardiner mais elle s'est vite lassée. J'ai continué toute seule en retournant la terre d'une plate-bande tout en repensant à la soirée d'hier, et puis j'ai aperçu le chat des voisins. Il est entré dans l'ancien atelier, cette espèce de débarras au fond du jardin. Je me suis redressée, c'est fou comme à cette heure-ci il fait déjà chaud. Je me suis promis de faire réparer la porte de ce truc, elle ne ferme plus depuis longtemps et je ne voudrais pas que le chat ramène une souris morte ou, pire encore, qu'un animal du désert élise domicile là-dedans. Elena aussi a vu le chat, elle l'a suivi comme toujours, sur la pointe des pieds pour ne pas l'effrayer, et elle a disparu dans l'atelier.

J'ai regardé le ciel, impitoyablement bleu, le désert qui s'ouvre derrière le jardin et les Hills qui ce matin semblent tout proches dans l'air transparent. Et là, au milieu du silence calme d'un samedi matin à Hamilton Creek, là j'ai entendu distinctement ma fille, ma fille Elena qui a trois ans. Elle est dans l'atelier et crie sans reprendre son souffle : maman maman maman viens voir maman viens voir viens voir maman viens voir !

## *Ann*

Voilà.

Pour moi, rien ne changera. Je continuerai à me promener dans le jardin quand personne ne risque de me surprendre. Parfois j'irai déambuler dans la maison, je ferai le tour des chambres, je tirerai les rideaux et l'atmosphère restera fraîche. Puis je retournerai m'asseoir sous la galerie. Je regarderai le désert et les Hills au loin qui se teintent de rouge lorsque le soir tombe. Là est ma place. Alors j'aurai tout mon temps. Je me souviendrai de l'époque où le jardin était si bien entretenu, et je laisserai remonter de ma mémoire les beaux moments du passé : le matin où avec d'infinies précautions je plante mes citronniers de Sicile, le jour où Li-Peng, épuisé mais heureux, ramène des finger limes de Wallangarra. Je reverrai Tim donner à manger aux poules, Bee déambuler entre les plates-bandes et choisir quelques légumes pour le repas. J'entends encore le bruit de l'automobile de Justin, elle apparaît sur la route poussiéreuse. Lorsqu'il se gare devant la maison il donne toujours un petit coup de klaxon pour avertir de son arrivée. Je pose mes outils, il me rejoint au jardin et débute une soirée que nous allons passer à bavarder. Je le jure : chaque jour que Dieu a fait j'ai été heureuse de retrouver Justin. Aujourd'hui encore, je revois son visage aux traits si purs et ses yeux clairs, son sourire, mon bel amour qui s'en est allé. Tant d'années après, mes mains gardent encore en elles le souvenir de sa peau.

Et moi j'ai l'éternité pour penser à lui.

Cet ouvrage a été imprimé par
CPI BRODARD ET TAUPIN
pour le compte des Éditions Grasset
en février 2019

Composition Maury-Imprimeur

PAPIER À BASE DE FIBRES CERTIFIÉES

Le Livre de Poche s'engage pour l'environnement en réduisant l'empreinte carbone de ses livres. Celle de cet exemplaire est de :
550 g éq. $CO_2$
Rendez-vous sur www.livredepoche-durable.fr

N° d'édition : 20867 – N° d'impression : 3032359
Dépôt légal : mars 2019
*Imprimé en France*